Une innovation en conduite du changement

Le projet LITCHI à EDF

Éditions d'Organisation
Groupe Eyrolles
61, bd Saint-Germain
75240 Paris Cedex 05

www.editions-organisation.com
www.editions-eyrolles.com

ISBN : 978-2-212-54085-7

Robert Leloup, Sandrine Marty, David Autissier

Une innovation en conduite du changement

du changement

Le projet LITCHI à EDF

Préface de Yann Laroche

EYROLLES

Éditions d'Organisation

REMERCIEMENTS

Nous remercions toutes les personnes du groupe EDF qui ont participé à l'aventure Litchi, en tant que stagiaires aux formations, utilisateurs ou contributeurs de la démarche ; et, en particulier, les membres du réseau Litchi car sans eux Litchi serait resté un essai théorique. Avec eux, il est devenu un outil de gestion du changement intégré dans les pratiques du groupe EDF.

Nous remercions un groupe d'experts et de managers qui ont testé et fait évoluer le dispositif Litchi. Parmi ces derniers ont également accepté d'effectuer la relecture de cet ouvrage :

- Anne-Marie Colombier, directrice de la direction commerciale Entreprises et Collectivités Locales Méditerranée ;
- Cécile Etrillard, secrétaire général de la division industrielle aval d'EDF Commerce.

Ainsi que :

- Francis Kuntz, responsable du pôle Animation-Professionnalisation de la filière RH, direction Dynamique et Politique RH du groupe EDF ;
- Jean-Michel Moutot (Professeur à Audancia School Management) ;

Nous tenions à exprimer notre gratitude à Yann Laroche qui a impulsé ce projet et qui lui a donné les moyens de se développer, dans un souci d'évolution des pratiques de management du groupe EDF.

LITCHI : le fruit du changement à EDF

Pouvons-nous encore manager une entreprise à coup d'injonctions hiérarchiques ? Les caractéristiques socio-éducatives de nos salariés évoluent au moins aussi rapidement que le fonctionnement de nos entreprises. Le souci du management, dans ce contexte, est de s'assurer, dans la durée, de l'adhésion des salariés aux projets de l'entreprise. L'équation managériale s'est profondément transformée ces dernières années : passer du « faire faire » au « faire ensemble », tout en pilotant et en pensant les évolutions à conduire. Les cycles s'accélèrent et les managers perçoivent la vieille dualité de leur fonction comme une contrainte grandissante : produire aujourd'hui et penser l'avenir. Dans ce contexte, la sensibilité est tout aussi importante que les compétences techniques. Impliquer des salariés dans une transformation exige que leurs managers perçoivent leurs attentes. Si les entreprises ne fonctionnaient qu'avec des mercenaires, les choses seraient plus simples. Ce n'est évidemment pas le cas et les managers doivent comprendre ce qui touche les personnes afin de leur apporter la contrepartie raisonnable à leur engagement, voire leur donner envie. Le management a, depuis très longtemps, déployé de nombreux outils pour le faire : tableau de bord, contrat d'objectifs, assurance-qualité sont des dispositifs que nous connaissons bien. Ils ont le mérite de formaliser le prévu, le réel et les écarts. Mais cette vision instrumentale du management omet la dimension humaine.

Litchi a été un instrument du changement dans notre Groupe à un moment où celui-ci devait répondre à de multiples enjeux. Mais Litchi est également une formidable occasion de souligner la dimension humaine d'un projet et le rôle structurant et déterminant de l'engagement des individus. Qu'est-ce que la conduite du changement ? C'est bien sûr un ensemble d'actions, de communication, de formation et d'accompagnement. C'est surtout une prise de conscience par les décideurs que l'appropriation est au moins aussi importante que la décision en elle-même. Chaque manager d'entreprise – chaque parent même – sait qu'il ne suffit pas d'annoncer, même avec insistance, une décision pour qu'elle soit appliquée. La conduite du changement, pour moi, doit d'abord se préoccuper de questions du type : Qui est concerné ? quelles sont les attentes des salariés ? Quelle est la posture des salariés vis-à-vis de ce projet ? Qu'ont-ils à perdre et à gagner ? Quel est l'effort demandé ? Quel est le système de valeur des personnes concernées ? Quel est le niveau d'implication et de résistance ? Où sont les alliés ? Que dois-je modifier dans mon projet pour le rendre acceptable ? Toutes ces questions permettent d'accéder à la face cachée de l'organisation, cette face cachée qui conditionne toute l'activité visible. La conduite du changement implique de réaliser des « carottages » dans ce sous-sol de la construction sociale, avec l'objectif de trouver les clés de l'acceptation, de l'implication et de l'engagement des acteurs.

Le dispositif Litchi nous a aidés à faire entrer ces notions de diagnostic psychosocial dans les pratiques de gestion du changement. Le groupe EDF est composé de beaucoup d'ingénieurs pour lesquels la mesure est parfois plus importante que le ressenti. L'un des enjeux du manager, notamment lorsqu'il conduit un changement, consiste à rendre celui-ci suffisamment explicite et opérationnel pour qu'il soit intégré dans les pratiques de gestion du changement. Le dispositif Litchi et son modèle en trois phases (cadrage, leviers d'actions, pilotage) et sept livrables a structuré, dans une logique gestionnaire, la dimension humaine, afin que celle-ci soit intégrée en tant que telle.

Réussir un projet de changement dans une (grande) entreprise est un cocktail improbable de variables économiques, techniques et humaines. Dans son ouvrage, « La face cachée du leadership »[1], Kets de

---

1. *La face cachée du leadership*, Manfred Kets de Vries, 2ᵉ édition, 2006, Village mondial.

Vries cite Nicolas Gogol en ces termes pour traduire l'importance de la dimension humaine :

« À l'instant où vous passez de la tendre enfance à la rudesse et à l'amertume de la maturité, n'oubliez pas d'emporter avec vous dans ce voyage toutes les émotions humaines ! Ne les laissez pas en route, car vous n'aurez plus jamais ensuite l'occasion de les retrouver ».

Litchi est une véritable innovation managériale que j'ai eu le plaisir de voir s'épanouir sous mes yeux. C'est la rencontre réussie entre une réflexion RH et les techniques de promotion et de marketing interne. La force de la marque, le « bénéfice client », l'originalité de l'univers Litchi ont été des facteurs clés de son succès sur le « marché » interne des outils de formation et de gestion du changement.

Yann Laroche
Directeur Général Délégué
Ressources Humaines et Communication
Groupe EDF

SOMMAIRE

INTRODUCTION

Litchi est un dispositif mis en place à EDF pour créer et diffuser des méthodes, outils et pratiques de conduite du changement dans les projets du groupe. Pour ses projets, EDF a souhaité créer son propre référentiel en conduite du changement. Un référentiel adapté à son environnement et ses besoins. Sans délaisser les méthodologies externes, l'entreprise a voulu se construire une démarche de conduite du changement, en vue d'y former des ressources internes. Cet ouvrage se veut un témoignage sur la création et la diffusion des compétences nécessaires pour conduire un changement. Il apporte, également, une formulation plus précise de la conduite du changement, telle qu'elle a été construite à l'occasion de cette expérimentation. Un modèle ne vaut que s'il est appliqué. Dans un registre scientifique, on parlera de test de robustesse et de réfutation. Le projet Litchi a, certes, consisté à créer un modèle de conduite du changement. Il a, surtout, cherché à le rendre opérationnel, en le déployant sur de nombreux projets stratégiques d'EDF, tout en l'enrichissant au fil des expériences.

Un dispositif de conduite du changement, dans un grand groupe industriel, réussit, à la condition de s'adapter aux besoins des opérationnels. Si la méthodologie constitue la pierre d'angle de la démarche, elle n'est en fait qu'un outil. La méthodologie se met au service des opérationnels pour qu'ils puissent s'en emparer, l'adapter à leurs problématiques, toujours uniques. La réussite de Litchi tient, en grande partie, à l'intelligence des opérationnels, à leur capacité à « tordre » les éléments méthodologiques, à se les approprier… Tout compte fait, c'est bien là le rôle de la conduite du changement.

Cette intelligence opérationnelle, nous l'avons captée en permanence. Dès le départ, nous avons instauré une boucle d'amélioration. Aujourd'hui encore, cette boucle d'amélioration intègre toute évolution méthodologique « pertinente ». Elle a permis le développement d'outils qualitatifs tels que les ateliers, l'adaptation des modalités d'accompagnement, …

Nous avons également intégré les pratiques existantes.

C'est cette rencontre, entre l'intelligence opérationnelle et la souplesse du modèle Litchi (souplesse de pilotage, souplesse méthodologique), qui, à nos yeux, est la véritable raison du succès de Litchi.

Autre facteur de réussite, le modèle de promotion du dispositif Litchi a été bâti sur la diffusion des preuves (la réussite des projets) : c'est au rythme des « succès » sur les projets, que le dispositif Litchi s'est diffusé dans l'entreprise. Il a bien fallu impulser cette démarche, avec une politique de communication. Les projets ont, ensuite, fait le reste. Une communication informelle, une diffusion « bouche à oreille », une communication de type « buzz » en somme. Cette étape franchie, nous avons pu constituer un réseau d'experts Litchi, hébergés dans les directions opérationnelles.

Cet aller-retour entre la théorie et la pratique, l'écoute des acteurs à tous les niveaux décisionnel, politique et opérationnel, dans chacun des grands ou moins grands projets, sont les premiers ingrédients de la réussite de Litchi. Pour chacun des projets clients, projets national ou local, nous avons bâti, rebâti, poncé quand il le fallait. Et réussi le plus souvent !

Nous avons, bien sûr, bénéficié de l'indispensable latitude managériale pour créer, défricher, innover et, ainsi, résister aux interrogations, parfois légitimes, de certains acteurs internes : « C'est quoi la conduite du changement ? »

La capitalisation de ces expériences opérationnelles a, alors, pu démarrer. Elle s'est faite, d'abord, au fil des projets achevés, puis, de manière plus structurée, avec la création d'un véritable réseau d'experts, utilisateurs de Litchi.

L'objectif de cet ouvrage est double. Il vise à vous donner des éléments techniques, sur une pratique de gestion qu'est la conduite du changement dans les entreprises, mais il ambitionne, aussi, de vous donner des clés sur la diffusion et l'appropriation d'un outil de gestion du changement dans une grande entreprise. L'expérience du dispositif Litchi à EDF sert de fil rouge à notre démonstration. Elle ancre, de manière opérationnelle et concrète, les réponses aux deux objectifs poursuivis par cet ouvrage.

Nous retracerons l'histoire de Litchi au travers de trois chapitres.

Le premier chapitre traite de l'importance de la conduite du changement dans une entreprise comme EDF, ayant à vivre de nombreuses transformations. Il aborde le positionnement retenu, pour que cette technique s'intègre dans les pratiques quotidiennes des acteurs.

Le deuxième chapitre, de nature méthodologique, donne le contenu technique du dispositif Litchi. Il insiste sur la construction des différentes briques du dispositif.

Le troisième chapitre s'interroge sur les principaux facteurs clés de succès de la formalisation et du déploiement du dispositif Litchi. Ce dernier chapitre nous invite à réfléchir sur le rôle des outils de gestion du changement et les facteurs « psycho-politiques » de leur acceptation. Un outil de gestion ne s'impose pas seulement par ses mérites techniques et la promesse gestionnaire qui lui est associée. Tout comme un produit dans un marché de masse, il doit s'adresser à des groupes de clients potentiels. Il adapte son positionnement. Il doit, aussi, s'insérer dans le tissu des relations politiques et gestionnaires de l'entreprise. Le tout s'opère dans une logique collective, avec l'obligation d'afficher des résultats. Il ne suffit pas d'élaborer un mode opératoire, et de demander aux chefs qu'ils en exigent une application. Il est nécessaire de travailler sur les mécanismes d'acceptation, d'adhésion et de prescription. En fait, nous donnons une illustration commentée de ce qu'est la conduite du changement pour développer la conduite du changement.

Chapitre 1

LITCHI, comme un levier du changement dans le groupe EDF

EDF, une des premières capitalisations boursières au CAC 40, est une entreprise industrielle au cœur des problématiques de changement et de transformation. Elle doit simultanément : s'intégrer dans une législation européenne d'ouverture des marchés, être en innovation technologique permanente et développer plus encore une culture de résultats dans le contexte lié à son histoire. Pour EDF, comme pour beaucoup d'entreprises qui se trouvent dans l'obligation de se transformer vite et bien, la gestion du changement est devenue, en quelques années, une préoccupation managériale ; un réel enjeu à faire partager par le plus grand nombre dans l'entreprise. L'entreprise EDF, soucieuse de l'intérêt de cette nouvelle technique managériale, a voulu déployer cette dernière de manière maîtrisée dans le cadre d'un modèle compétences/coûts. La conduite du changement ne devait pas être quelque chose en plus, mais une pratique enrichissant les compétences des chefs de projet et des managers. Elle s'inscrivait dans une volonté de baisse des coûts de consultance dédiés à la thématique du changement. Le dispositif Litchi à EDF est un exemple d'interrogation sur l'internalisation de certaines pratiques de gestion du changement, confiées dans un premier temps à des cabinets de conseil externe. Ceci conduit les entreprises à s'interroger sur le bien-fondé de l'externalisation. Elles envisagent, alors, une internalisation, avec la volonté de mobiliser, au mieux, les compétences des salariés. Le déploiement d'une compétence à la conduite du changement, désigné par la suite sous l'appellation Litchi, n'a pas su se faire sans un fonctionnement en réseau. Les déploiements imposés ou anarchiques, se limitent à des expérimentations sans lendemain, tandis que ceux fondés sur le principe de la coconstruction, avec des acteurs de terrain en réseau, autorisent des transformations de pratiques par la reconnaissance mutuelle. Pour montrer comment Litchi est devenu un levier opérationnel de la conduite du changement à EDF, nous traiterons des trois points suivants dans ce chapitre :

- Le contexte de transformations du groupe EDF : de profondes mutations.
- Tester une expérimentation de « conduite du changement » : le modèle Compétences – Résultats – Coûts.
- L'expérimentation et ses enseignements : les prémices de Litchi.

LE CONTEXTE DE TRANSFORMATIONS DU GROUPE EDF : DE PROFONDES MUTATIONS

Comme toutes les grandes entreprises, EDF a connu, ces dernières années, de nombreuses mutations tant au plan stratégique, qu'organisationnel et culturel. Ces mutations se sont matérialisées par de nombreux projets de changement, qui ont nécessité la participation de tout ou partie du personnel. Depuis cinq ans, l'entreprise est en mutation, et les différents projets s'enchaînent au rythme des cycles de gestion, des évolutions réglementaires. Après avoir pris un virage commercial dans les années 1990, EDF a dû, simultanément, gérer l'ouverture des marchés et son changement de statut juridique, puis son introduction en Bourse. « Faire sans défaire » pourrait résumer la politique du groupe EDF en termes de transformation. Dans ce contexte, l'entreprise a voulu développer les compétences internes en conduite du changement.

Se convertir à la concurrence et à la Bourse

EDF : mythe et réalité

Tout le monde croit connaître EDF, comme étant une entreprise franco-française. C'est, en fait, un groupe international de 150 000 personnes, centré sur l'Europe, qui réalise un chiffre d'affaires de 59,6 milliards d'euros (en 2007). Plus de 45 % de ses résultats viennent de ses activités à l'international. Le groupe EDF produit plus de

633 milliards de kWh, pour près de 38 millions de clients. La maison mère commercialise en France 382 milliards de kWh en électricité, et 9 milliards de kWh en gaz, auprès de 28 millions de clients.

EDF a toujours géré des évolutions tant au plan technologique, que commercial et culturel. Sur les cinq dernières années, EDF s'est en effet trouvée, en peu de temps, dans un contexte de transformations majeures. Rappelons les plus visibles, en France, sur ces cinq dernières années :

- ouverture à la concurrence du marché de l'électricité pour les professionnels, les petites entreprises et les collectivités locales, le 1er juillet 2004 ;

- transformation juridique d'EDF, passant en 2004, du statut d'établissement public, un ÉPIC, à celui de société anonyme, une SA ;

- ouverture du capital, fin 2005, avec introduction en Bourse ;

- ouverture complète à la concurrence, au 1er juillet 2007, des marchés de l'électricité et du gaz ;

- et par voie de conséquence refonte des systèmes d'information (SI), et réorganisations.

Devenir une entreprise « comme les autres »

L'ouverture des marchés à la concurrence s'est déroulée en plusieurs étapes, et de façon progressive. Les grands clients ont eu accès au choix de leur fournisseur d'électricité et de gaz, dès février 1999. Le grand public n'en avait pas réellement conscience. La perception a évolué avec l'ouverture du marché « à 70 % » le 1er juillet 2004, pour les professionnels, les petites entreprises et les collectivités locales : tous les clients « non résidentiels ». Les particuliers sont libres de choisir leur fournisseur depuis le 1er juillet 2007.

Autre grand événement de 2004, la transformation en société anonyme, voulue par la loi du 9 août 2004. Le statut d'établissement public, facteur de réussite de l'entreprise pendant 50 ans, ne permettait plus de faire face aux nouveaux enjeux dans la conjoncture nouvelle. Évolution connue des autres compagnies d'électricité, EDF est devenue une entreprise « comme les autres ». Cette notion de « comme les autres » n'est pas neutre. Elle peut être interprétée par certains comme une évolution des fondements culturels de l'entreprise. L'enjeu de l'entreprise était d'opérer une mutation, sans pour autant nier ses origines.

L'introduction en Bourse eut lieu le dernier semestre de l'année 2005. L'ouverture du capital d'EDF a concerné plus de 5 millions de sous-cripteurs, particuliers et institutionnels. Ce fut la plus grosse opération jamais réalisée sur Euronext. Après presque 60 ans d'un actionnaire unique, l'État, cette opération a modifié les repères culturels et financiers : près de 130 000 salariés du groupe sont devenus actionnaires d'EDF SA.

Pour préparer l'ouverture à la concurrence, EDF a revu son organisation, et dissocié ses activités commerciales de la gestion des réseaux qui relève du domaine régulé. Cela s'est traduit par la création d'une filiale, RTE (Réseau de Transport d'Électricité), société anonyme, pour le réseau de transport. La gestion du réseau de distribution s'est séparée, dans un premier temps, dans des directions dédiées à cette activité. La loi a prévu qu'elle se concrétise, dans un deuxième temps, dans une filiale de distribution au 1er janvier 2008 : ERDF.

La séparation des deux entreprises, EDF et Gaz de France, a produit de nombreux projets de réorganisation. En peu de temps, les entreprises ont revu les systèmes d'information, l'organisation de directions qu'elles avaient en commun, et « démixté » les clients qu'elles géraient ensemble. Ces projets organisationnels ont été complétés par des évolutions des positions stratégiques, avec la commercialisation du gaz pour EDF, et celle de l'électricité pour Gaz de France.

Les évolutions d'un ÉPIC[1] puis les transformations d'un groupe

Fondée en 1946 sous la forme d'un ÉPIC pour la construction de l'infrastructure électrique de la France, l'entreprise EDF est devenue en 2005 une entreprise cotée au CAC 40 ; avec tout ce que cela engendre dans les systèmes de gestion. Dans ce contexte, la conduite du changement est devenue une technique conseillée pour accompagner la mise en place des projets informatique, métier, organisationnel ou culturel.

La nécessité de prendre en compte la conduite du changement

Quand le pilote stratégique d'un projet constitue les différents lots qui vont structurer ce dernier, il sait qu'il rencontrera deux sujets épineux : les SI et les RH. Pour les systèmes d'information, c'est

---

1. ÉPIC : Établissement Public à caractère Industriel et Commercial.

toujours plus long et plus coûteux que ce qui est pensé à l'émergence du projet, mais le domaine est technique : « scientifique ». Les ingénieurs s'y sentent *a priori* plus à l'aise que dans d'autres sujets davantage empiriques. Les ingénieurs sont nombreux à EDF. Pour les ressources humaines concernées par le changement, le domaine des certitudes a moins de place…

Au-delà du respect du contrat de projet, le véritable objectif de la transformation est de faire en sorte que les acteurs qui la feront vivre au quotidien, seront convaincus de sa pertinence. Se sentir informés et comprendre ce qui va changer, ne suffisent pas. Les acteurs doivent visualiser l'intérêt à faire fructifier cette transformation et y participer. C'est la plus-value qu'apporte la « conduite du changement ». Le portage, le partage, la communication nécessaire pour emporter la conviction, demandent, au global, souvent, plus de temps et d'énergie que ceux dépensés pendant la phase de conception.

Tout projet d'envergure aujourd'hui, « se doit » d'intégrer un volet « conduite du changement » clairement identifié, budgétisé, structuré et justifié par la valeur ajoutée apportée.

La conduite du changement relève d'un processus classique de diagnostic, de déploiement et de pilotage. Elle commence même, dès l'annonce de la décision de lancer le projet. Elle comprend des dimensions culturelle, comportementale, sociale, voire « psychologique » pour les individus, sociologique pour les groupes, aux côtés des aspects techniques, et mieux connus, de tout projet.

Convaincus par la nécessité de mettre en œuvre un vrai volet de conduite du changement, comment nous y sommes-nous pris à EDF ?

Prenons un exemple. En 2002, nous eûmes à structurer notre projet de transformation, côté commercial, lié à l'ouverture à la concurrence du marché de l'électricité pour les professionnels. Un tel projet, concernant 2,5 millions de clients, plusieurs centaines de personnes directement touchées en interne, dès le début, prévoyait une partie conséquente sur la conduite du changement. Nous manquions des compétences spécifiques en interne. Plusieurs cabinets spécialisés en conduite du changement furent reçus. Un cabinet fut sélectionné. Il fit sa prestation, tout à fait correcte. Et puis ? Quelle capitalisation de la valeur ajoutée de cette expérience en conduite du changement ? Quel partage ensuite ?

Que ce soit dans la phase amont de cadrage de la conduite du changement, faire appel à de la consultance externe, que ce soit dans la phase aval de capitalisation et de partage, nous manquions d'un référentiel. Et de nombreuses transformations se profilaient…

Des besoins en conduite du changement et des attentes

Dans le cadre des projets, la conduite du changement devenait indispensable pour réussir. En même temps, l'émergence de ces notions avait franchi les frontières des transformations majeures. Certains responsables RH étaient très demandeurs d'améliorer leurs connaissances en conduite du changement, pour en être les porteurs dans leurs entités. Les salariés commençaient à en entendre parler. Ils montraient de l'intérêt pour ce qui les aiderait à donner plus de sens aux évolutions qu'ils vivaient. C'est pour répondre à ce besoin que le groupe EDF a décidé de lancer le projet Litchi dont la réalisation a été confiée à la Direction Management et Organisation (DMO), dont le fonctionnement et les missions sont décrits dans l'encadré suivant.

La Direction Management et Organisation (DMO)

Créée en 2004, la DMO répond à la volonté de regrouper, sous une même direction, l'ensemble des dossiers ayant trait au management, et qui jusqu'alors étaient portés par des directions différentes.

Ses missions principales :

- préciser, simplifier, mettre en cohérence et rendre visibles les principes managériaux et d'organisation du groupe EDF ;
- stimuler, orienter et fédérer l'amélioration continue de la qualité et de la performance des processus ;
- faciliter, dynamiser et diffuser les pratiques de conduite et d'accompagnement des transformations ;
- impulser les évolutions – et saisir la maîtrise d'ouvrage concernée – sur les formations liées au management, au progrès continu et à la conduite du changement.

Le directeur de la DMO rapporte directement au Directeur Général Délégué Ressources Humaines et Communication. Membre du « Top 4 » du groupe EDF, celui-ci est responsable à la fois, des différentes directions à vocation RH, du management et de l'organisation, et de la communication, qu'elle soit interne ou externe. Regrouper ces différents dossiers sous un même Directeur Général Délégué favorise les synergies et donne force et cohérence, dans la relation à l'individu, membre du personnel d'EDF.

TESTER UNE EXPÉRIMENTATION DE CONDUITE
DU CHANGEMENT

> *« Donne du poisson à un homme, il mangera un jour.*
> *Apprends-lui à pêcher, il mangera toute sa vie »*
>
> Confucius

De telles transformations signifiaient un changement culturel profond. En interne, le personnel, en grand nombre, allait vivre au même moment l'impact de plusieurs grands projets. C'est dans ces conditions que, anticipant les nombreuses transformations à venir, fut émise l'idée, fin 2003, d'aider concrètement EDF à mieux piloter celles-ci, grâce à la formation de chefs de projet, d'experts et de managers à la conduite du changement. L'objectif fut de développer les compétences de conduite du changement pour améliorer la réussite de nos projets, quelles qu'en soient la taille et la nature.

Précisons ce que nous mettons sous le vocable « changement », en en donnant une définition dans l'encadré suivant.

Le changement

La notion de changement est polymorphe. Elle représente des transformations plus ou moins importantes.

En entreprise, à quel moment pouvons-nous parler de changement, par différence à l'évolution quotidienne et naturelle ? Il y a changement lorsqu'il se produit une rupture nécessitant un travail d'apprentissage et de reconfiguration de l'état existant. Un nouveau client n'est pas un changement, sauf si celui-ci demande quelque chose qui oblige l'entreprise à modifier substantiellement ses manières de faire. Il n'y a pas un changement, mais des situations de changement en fonction du temps de réponse alloué, du caractère d'urgence, du nombre de personnes concernées et de la remise en cause de l'existant. Les changements portent généralement sur les pratiques, les outils, les métiers, les organisations, la stratégie et la culture.

Le changement s'exprime à l'occasion du déploiement de projet dans l'entreprise, ou de manière plus continue, dans l'activité quotidienne.

Trois objectifs

En voulant développer les compétences de conduite du changement, les enjeux pour EDF étaient, en réalité, de « faire d'une pierre trois coups… » :

- RH : faire que la conduite du changement devienne une des compétences clés du groupe.
- Financier : diminuer le recours à des cabinets de conseil externe.
- Entreprise : réussir les nombreux projets du groupe dans les délais impartis.

Réalisé en lien avec les ressources humaines, le premier objectif était… RH. Il prévoyait la professionnalisation et la formation d'un maximum de personnes à la conduite du changement pour la réussite des projets de transformation du groupe EDF. À ce stade, les outils externes de formation à la conduite du changement étaient portés de façon classique. Ces formations étaient délivrées par des sociétés spécialisées, en « présentiel ». Elles n'avaient que peu de résultats dans la mise en application qui devait les suivre. De plus, les responsables RH souhaitaient pouvoir disposer au sein d'EDF d'une communauté d'experts internes en conduite du changement pour appuyer les projets dans cette dimension. À la question : « Quel est votre taux de couverture en compétences conduite du changement ? », ces responsables RH avaient du mal à répondre.

Un autre point concernait la mise en cohérence d'initiatives locales sur ce sujet. Des salariés EDF, par envie, goût et/ou nécessité avaient investi cette notion. Ils l'avaient fait souvent à l'aide de cabinets de consultants externes. Les personnes des ressources humaines en charge du projet de conduite du changement voulaient éviter la dispersion et favoriser le partage d'expérience. Leur but : former des personnes à ladite conduite du changement et, en même temps, construire un référentiel sur ce thème. Ce référentiel devait servir de langage commun et de base pédagogique.

Le deuxième objectif de ce projet était d'ordre économique et financier. Une étude, menée en 2004, faisait apparaître que la conduite du changement était majoritairement réalisée par des cabinets de conseil externe. Pendant ces mêmes années, EDF a mis en place une équipe chargée de réduire les coûts. Dans une logique financière, cette entité avait pour mission de trouver des économies sur différents postes de charges. Le recours à la consultance externe en était un. De ce fait, cette expérimentation en conduite du changement n'était pas une simple action de formation. Elle représentait un levier pour ce programme d'économies. Nous y reviendrons plus en détail dans cet ouvrage. Ainsi, ce qui allait devenir le dispositif Litchi a contribué à la diminution des coûts liés à la conduite du changement.

Le troisième objectif concernait la réussite des projets de changement. Une compétence ne vaut que si elle est utilisée. Comme cela a été présenté précédemment, l'entreprise avait à réaliser un certain nombre de projets de transformation pour répondre aux différentes évolutions. Cela s'est matérialisé par la déclinaison du Projet Industriel d'EDF, et de nombreux projets pour sa réalisation. Élément supplémentaire : certains projets pouvaient être perçus comme complexes, eu égard à la culture historique du groupe. La dimension humaine était d'autant plus importante. Les projets revêtaient à la fois un caractère technique, quant à la faisabilité et « l'opérationnalisation » de leurs solutions, et une dimension sociale. Faire adhérer à des finalités bien précises méritait de la pédagogie. Beaucoup de projets touchaient à des notions culturelles de l'entreprise. Leur réussite passait par le déploiement d'une action de conduite du changement. L'intégration de cette dimension s'est faite par les hommes et les processus. Il fallait former des personnes à la conduite du changement et les rendre opérationnelles sur ce thème. Il fallait intégrer dans le référentiel « Management de projet » un lot conduite du changement.

Ce qui est intéressant dans les trois objectifs fixés lors de l'expérimentation (RH, Financier, Entreprise), est qu'ils ont sous-tendu le futur dispositif Litchi dès le début du projet, puis de manière constante.

Le modèle Compétences – Résultats – Coûts

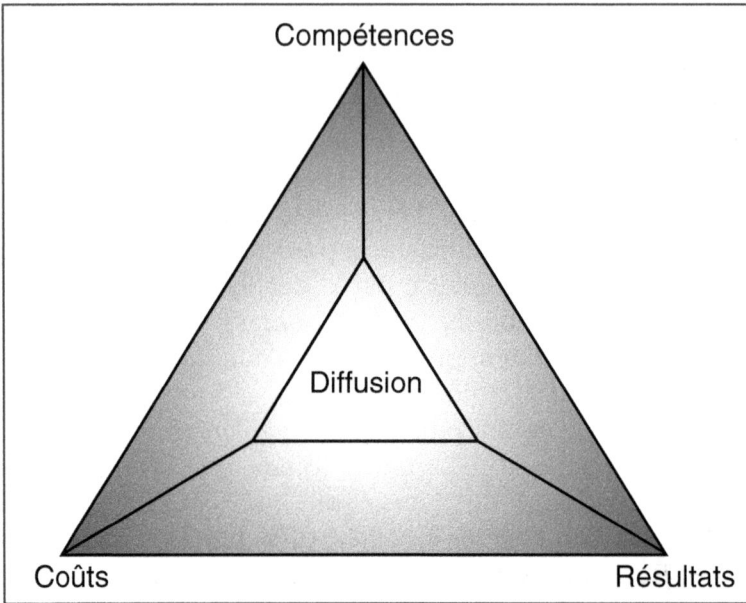

Le niveau Compétences

Un des premiers objectifs de l'expérimentation sur la conduite du changement a donc été de professionnaliser des salariés d'EDF à la conduite du changement à l'occasion d'un projet en vue de les rendre autonomes. Avec l'axe compétences, nous nous adressions aux salariés et aux RH. Le dispositif de conduite du changement est un outil de professionnalisation des salariés sur un thème porteur pour l'entreprise. Pour faire des économies et réussir les projets de l'entreprise, la compétence conduite du changement nécessite d'être partagée par le plus grand nombre. L'expérience des projets a permis d'identifier deux types de professionnalisation :

- le premier concerne des personnes intégrées dans des projets qui souhaitent bénéficier d'outils en conduite du changement pour mener à bien le projet qui les concerne ;

- le second se définit par des salariés qui souhaitent se doter d'une expertise forte. Ils investissent l'ensemble de la méthodologie et la déploient à l'occasion d'un ou plusieurs projets, avec l'aide d'un accompagnateur du dispositif. Ils constituent un groupe d'experts en conduite du changement de l'entreprise.

Pour transformer le concept de conduite du changement en compétences professionnelles, la DMO a produit un référentiel des compétences de conduite du changement en fonction de l'emploi et du métier. Le détail de ce référentiel est présenté en annexe.

Le premier objectif du dispositif Litchi est de former les salariés d'EDF à la conduite du changement et de diffuser cette compétence dans toutes les parties de l'entreprise. Le niveau compétence vise les salariés, mais permet aussi d'impliquer les ressources humaines dans ce dispositif de professionnalisation. Historiquement, les ressources humaines ont toujours été très liées à la conduite du changement. Initialement, la conduite du changement consistait à produire la communication interne et les actions de formation liées aux projets. Ces deux activités étant généralement à la charge des RH, ces dernières étaient bien souvent dépositaires de la conduite du changement. Il était essentiel d'embarquer l'ensemble des RH dans ce projet. La notion de professionnalisation et de diffusion de compétences a permis de les intégrer et de leur donner un rôle pivot.

Le niveau Résultats

Il était important de montrer l'intérêt opérationnel de la conduite du changement dans l'entreprise, de manière concrète, aux « clients » du dispositif. Ce dispositif a, dans un premier temps, été dédié à l'accompagnement des projets et la cible naturelle était les chefs de projet et les sponsors des projets. Toutes les entreprises, vivent ce que l'on appelle « l'échec relatif des projets[1] ». Les projets se réalisent mais souvent hors planning, hors budget et/ou hors objectifs.

Les facteurs d'échec d'un projet sont multiples. À l'occasion d'une réflexion sur ce sujet, nous avons listé cinq principaux facteurs par ordre d'importance :

1. Non-adhésion des principaux acteurs.
2. Non-compréhension de ce qui est attendu des différentes parties prenantes.
3. Mauvaise formalisation des livrables des différentes parties concernées.

---

1. David Autissier et Jean-Michel Moutot, *Méthode de conduite du changement*, Dunod, 2007.

4. Manque d'informations sur les modalités de réalisation opérationnelles du projet.

5. Ne pas suffisamment tenir compte de l'inertie des structures.

L'un des objectifs affiché pour le dispositif de conduite du changement était d'ordre opérationnel et stratégique. Il visait à une meilleure réussite des projets de transformation dans l'entreprise, en veillant à ce que l'adhésion et l'acceptation des acteurs se fassent dans une logique constructive. En accompagnant les projets pour que ces derniers tiennent au mieux leurs objectifs, le dispositif de conduite du changement devenait par là même un outil au service du management de projet et un facilitateur des projets stratégiques.

Le niveau Coûts

Ce niveau du modèle concerne le volet financier. Dès le début, le dispositif de conduite du changement s'est positionné comme un moyen d'économiser des dépenses de consultance externe liées à cette conduite du changement. Un des objectifs du dispositif de conduite du changement était de faire diminuer ce poste de coût, en professionnalisant les salariés à la conduite du changement, pour limiter les appels à la sous-traitance. L'argument financier est un des éléments clés d'acceptation du dispositif. Après l'expérimentation menée en 2004 (développée plus en détail dans le paragraphe suivant), le levier financier du dispositif de conduite du changement a été formalisé par le ratio suivant : en utilisant le dispositif de conduite du changement, le coût de la conduite du changement est cinq fois moins important qu'en faisant appel à la consultance externe en conduite du changement. En professionnalisant des personnes internes à la conduite du changement, le coût du dispositif était constitué :

• d'une quote-part mutualisée correspondant au développement du dispositif, coût pris en charge pour l'essentiel par la DMO ;

• du coût des « accompagnateurs » mis à la disposition des projets pour cette professionnalisation. Ce dernier coût étant pris en charge directement par les projets.

Les innovations en management sont très souvent critiquées quant à leur coût de développement par rapport à leur résultat immédiat. Ce dernier est, très souvent, visible à moyen et long terme. En revanche, les coûts sont enregistrés tout de suite, créant, de ce fait, un décalage qui peut être reproché à ceux qui portent les dispositifs.

De manière rétrospective, nous n'avions pas conçu le dispositif de conduite du changement en utilisant ce modèle Compétences – Résultats – Coûts. Cependant, l'expérience menée nous a permis d'induire ces trois points comme des facteurs clés pour le déploiement d'une technique de gestion du changement en entreprise. Le projet de dispositif de conduite du changement a été lancé pour répondre au besoin de formaliser une démarche propre à l'entreprise EDF. À cette demande, ont été associés des objectifs de formation, d'amélioration des pratiques et de réduction de certains postes de charges. Nous reviendrons plus en détail au fil de l'ouvrage sur la formalisation de ces indicateurs. Une idée ne suffit pas à convaincre, elle doit être justifiée pour que celle-ci accroche ses principaux acteurs. Dans un contexte d'inflation des outils de gestion, les managers portent, en général, un regard très critique à l'égard d'outils standards qui leur sont proposés. Les outils de gestion du changement ont la particularité de formaliser l'existant, de le rendre accessible à d'autres, dans des logiques de contrôle et de partage pour la coordination. La finalité de mise en collectif dans une logique d'apprentissage est séduisante. Elle rentre, cependant, en conflit avec la logique individuelle de territoire. Un individu a tendance à se construire sa boîte noire pour se protéger. Ce mécanisme de protection de territoire, développé par Crozier et Friedberg dans *L'acteur et le système*[1], fait de l'exercice de diffusion d'un outil de gestion, une action politique et de marketing. De ce fait, il est important d'afficher des objectifs à un dispositif sur les trois points du modèle Compétences – Résultats – Coûts qui couvrent les différentes attentes des personnes concernées.

L'EXPÉRIMENTATION ET SES ENSEIGNEMENTS : LES PRÉMICES DE LITCHI

Le dispositif de conduite du changement a pris l'option :
- de l'expérimentation ;
- d'un fonctionnement « collaboratif » ;
- d'une coconstruction avec le terrain et les principaux bénéficiaires de ce même dispositif.

---

1. Michel Crozier et Erhard Friedberg, *L'acteur et le système : les contraintes de l'action collective*, Éditions du Seuil, 1981.

Cela s'est matérialisé, chronologiquement, par une expérimentation avec des acteurs de terrain sous la forme d'un « pilote », puis décision à prendre de poursuivre ou non. L'autre point dans cette relation très étroite avec le terrain a été de fonctionner en mode réseau.

Un « pilote » du dispositif de conduite du changement : son rôle structurant

Le principe d'un « pilote » a consisté à demander des volontaires dans différentes directions d'EDF, pour suivre le cursus complet de professionnalisation à la conduite du changement. L'objectif était donc, à partir du retour d'expérience, de disposer des éléments de décision, en vue d'un déploiement du dispositif dans la maison mère. L'idée était d'avoir un échantillon de participants représentatifs des différentes attentes en termes de professionnalisation à la conduite du changement. Trois profils ont composé ce groupe :

- des chefs de projet ou des personnes en charge de la gestion du changement dans les projets ;
- des managers opérationnels ;
- des fonctionnels, et notamment des acteurs de la filière RH qui pouvaient être des relais de la conduite du changement dans le groupe.

Le pilote a tenu ses promesses. Il a intégré une douzaine de personnes issues de différentes directions et entités du groupe représentant les trois catégories énoncées. Avec cependant une prédominance de personnes de la filière RH.

Le pilote consistait à déployer un cursus de formation à la conduite du changement dans une optique explicative mais, surtout, de transfert d'outils opérationnels. Ensuite, les stagiaires pourraient déployer des actions de conduite du changement dans leur environnement de travail. Le dispositif prévoyait aussi des séances d'accompagnement individuel. Ces séances étaient destinées à adapter les outils standards, présentés pendant les formations, aux problématiques de changement que les stagiaires auraient à traiter.

Les formations ont été étalées sur une période de neuf mois (de mars à décembre 2004), avec douze jours de formation. 100 % des participants sont venus aux trois premiers jours. 80 % ont suivi les modules d'approfondissement, et 60 % ont été demandeurs des modules d'expertise. Globalement, les formations ont été bien suivies par les personnes qui s'étaient inscrites. Le taux de présence et de participation aux formations était pour nous un indicateur important de réussite. L'objectif de ces formations était double.

Le premier objectif consistait à initier un certain nombre de personnes aux techniques de conduite du changement. Il consistait, après, à montrer l'intérêt de ces techniques pour réussir les projets et déployer les décisions dans le management quotidien. C'est ce que nous avons appelé l'objectif initiatique.

Le second objectif était plus difficile à réaliser. Il visait à montrer aux personnes qui avaient déjà fait de la conduite du changement, que participer à ce projet, pouvait les enrichir sans remettre en cause ce qui avait déjà été fait. Cela allait même les aider à mieux structurer ce qu'elles avaient déjà démarré sur ce thème.

Lorsqu'une nouvelle technique de gestion est proposée dans une très grande entreprise, il y a fort à parier que des expérimentations ont déjà été menées. À EDF, nous n'échappions pas à la règle… même si ces expérimentations n'avaient pas été suffisamment formalisées pour servir de référentiel et transférer les savoirs correspondants. Il faut alors savoir intégrer les personnes qui ont vécu ces expérimentations sans que ces dernières se positionnent en concurrentes, jugeant qu'elles sont les dépositaires historiques et naturelles du thème traité. La posture prise pendant les formations fut de positionner les contenus comme étant standards, puis de les retravailler à partir des connaissances et compétences des participants. La volonté était de capitaliser, pour produire un référentiel conduite du changement valable pour l'entreprise.

Douze jours de formation en trois parties

Un premier module généraliste de trois jours a été réalisé sur le thème « Enjeux et Méthodologies de la conduite du changement ». Ensuite, des modules d'approfondissement d'une journée chacun ont été proposés sur les thèmes suivants :

* cadrage d'un projet de changement ;

* gestion des résistances ;

☞

- études d'impacts et plan d'accompagnement ;

- plan de communication ;

- plan de formation ;

- pilotage du changement.

À ces deux types de contenus, ont également été ajoutés des modules d'expertise, sur la base d'une journée aussi, tels que :

- la conduite du changement pour les projets de systèmes d'information ;

- la gestion d'une situation de tensions ;

- les ateliers participatifs.

Ces moments d'expérimentation sont très importants, car ils participent à faire connaître le dispositif dans une logique collective. L'un des participants l'avait résumé de la manière suivante : « Finalement, nous sommes partis d'une méthodologie standard, et nous avons su l'enrichir de nos expériences tant sur le sujet concerné que sur nos besoins de gestion du changement au quotidien ». Le casting d'un groupe pilote est très important d'un point de vue politique. Les acteurs prescripteurs doivent être présents, à la fois, pour leur légitimité technique et leur pouvoir de prescription. Il est important d'avoir des acteurs neutres au regard du thème qu'ils vont simplement chercher à tester. Ils créent des exemples de réussite qui serviront de référence par la suite. À la fin de chaque formation, il était prévu un temps d'échanges pour savoir ce qu'il fallait faire évoluer par rapport aux propositions qui étaient contenues dans les supports de formation, afin de caler des méthodes et outils à l'environnement de l'entreprise. Un tiers des participants a souhaité, après la réalisation des formations sur les thèmes d'approfondissement, avoir des séances d'accompagnement pour déployer certains outils. Ce taux, assez faible, de personnes désirant bénéficier d'un accompagnement, s'explique par le fait que certaines d'entre elles n'avaient pas de projets sur lesquels elles pouvaient appliquer les enseignements. Pour d'autres, c'était le caractère expérimental qui faisait qu'elles ne voulaient pas déployer des outils non encore validés.

Résumé de la phase pilote

Phase	Pilote
Élément déclencheur	Un dispositif à tester avec un programme
Facteurs clés de succès	Un casting opérationnel et politique des participants Un affichage clair du caractère expérimental Intégrer les personnes revendiquant une expertise sur le sujet Laisser des moments d'échange pour faire évoluer les contenus La possibilité d'une appropriation individuelle et mise en situation pour ceux qui le désirent
Principaux résultats	Une diffusion du thème Un vécu du dispositif auprès des opérationnels

La nécessité d'un retour d'expérience

À la fin des formations, au printemps 2005, la personne en charge du projet de professionnalisation au sein de la DMO a procédé à l'interview des participants. Elle a établi un bilan de la phase pilote. L'objectif était de savoir si le dispositif pouvait être poursuivi et généralisé. Ci-après, un verbatim de personnes ayant suivi le dispositif de formation.

Verbatim

« Dispositif très riche en relation avec mon activité. J'ai apprécié l'apport conceptuel et théorique, et notamment la psychosociologie. J'ai trouvé intéressant le mélange entre la pratique et la théorie. Le groupe était très hétérogène et cela n'a pas aidé à l'échange et à la liberté de paroles. »

« Je trouve que le dispositif est intéressant et c'est la première fois qu'il y a quelque de chose de pratique autour de la conduite du changement. Et ça a permis de créer un embryon de communauté. »

« J'ai trouvé cela très intéressant, avec les limites de l'hétérogénéité du groupe qui n'a pas permis certains approfondissements. Les enseignements m'ont permis de mieux comprendre mes problématiques et de disposer d'outils avec la difficulté de partager avec les autres ses difficultés et problèmes, mais c'est normal car chacun venait avec son projet et ses problèmes. On aurait pu faire des ateliers sur le thème "comment traiter tels et tels problèmes sur nos

☞

☞

projets". Ce qui est important, c'est de relier le dispositif à une expérience. Il faudrait que les RH poussent à la culture de la conduite du changement. »

« Ça m'a donné beaucoup d'idées, c'est une remise en cause de ce que l'on doit savoir. Nous avons appris beaucoup de choses. »

« Une chose positive est que le groupe a formalisé une grille de compétences et décrit le métier de conduite du changement. »

« Nous avons commandé des grilles de lecture sur la conduite du changement. Et nous avons eu ce que nous avions commandé. Il est important d'avoir un projet concret de conduite du changement. Dans le groupe, la dynamique a bien fonctionné (les gens participaient et produisaient ensemble dans les ateliers). »

Dans un projet d'innovation managériale, la notion de bonnes pratiques est très importante pour des acteurs qui envisagent les méthodologies proposées, non comme des référentiels mais comme des outils. La méthodologie proposée doit être présentée comme une grille de lecture de la réalité, et les lectures faites par les protagonistes doivent être partagées entre eux.

Ce retour d'expérience a aussi été l'occasion d'établir des priorités pour la généralisation du dispositif de professionnalisation à la conduite du changement dans le futur, comme l'illustre le tableau suivant.

Tableau des orientations après l'expérimentation

À faire
Médiatiser le dispositif de professionnalisation
Démultiplier ce dispositif par des actions de formation et d'information
Créer un guide sur le thème : « Penser et opérationnaliser la conduite du changement pour vos projets »
Communiquer le référentiel compétences aux responsables RH
Relier ce dispositif aux cursus de formation existant pour les managers (cursus manager en environnement complexe) et les dirigeants

Un autre résultat de ce retour d'expérience a été de capitaliser pour affiner le référentiel de conduite du changement. Il est résumé par les extraits présentés ci-dessous. Le référentiel conduite du changement vise à identifier ce qui doit être fait, et par qui. Le modèle de conduite du changement validé et les principales productions qui en découlent, sont présentés dans le chapitre suivant. Le tableau ci-après est issu du retour d'expérience. Il donnait déjà une première liste des principaux outils de la conduite du changement.

Extrait du référentiel de conduite du changement (2004)

Les outils de la conduite du changement

THEMES	OUTILS
Analyse de contexte	1. Cartographie des changements
	2. Cartographie des acteurs
	3. Diagnostic sociologique
Analyse d'impacts	4. Études d'impacts
	5. Analyse des résistances
Plan d'actions	6. Plan de communication
	7. Plan de formation
	8. Plan d'accompagnement
	9. Réingéniering des modes de management et des processus
Pilotage	10. Tableau de bord du changement
	11. Indicateurs de performance des nouveaux processus

Il était aussi important de définir un « qui fait quoi », et quels seraient les acteurs qui auraient la responsabilité de porter et de réaliser tout ou partie des productions de conduite du changement. Comme cela avait été fait pour le référentiel de management par projet, des rôles ont été définis en fonction des responsabilités et des actions à couvrir. Quatre rôles principaux ont émergé, avec des rôles qualifiés de stratégiques (le commanditaire et le pilote stratégique), et des rôles plus opérationnels (le responsable de la conduite du changement et les contributeurs). Ce qui était le plus important dans ce référentiel des rôles et des missions, était d'acter le rôle de « responsable conduite du changement ». Cette fonction s'est vue, dès lors, reconnue officiellement au sein du management en mode projet. Le référentiel des rôles et des missions est présenté dans son exhaustivité en annexe 1 de cet ouvrage.

Le rôle du manager, responsable de la transformation a également été souligné.

Extrait du référentiel de conduite du changement (2004)

Qui doit faire de la conduite du changement dans un projet ?

Acteurs des projets	Les rôles et missions en conduite du changement
Commanditaire	- Définir les enjeux et les cibles du changement

Pilote stratégique et pilote opérationnel *(à différencier selon le type de projet)*	- Identifier les objectifs du changement et s'assurer des résultats attendus
	- Fixer les objectifs de la conduite du changement et s'assurer de leur suivi
	   * Dimensionner le volet conduite du changement (équipe et budget)
	   * Valider le dispositif de conduite du changement construit par le RC

Responsable conduite du changement (RC)	- Construire, mettre en œuvre et piloter un dispositif de conduite du changement (plan d'actions, équipe, budget) et les outils associés.
Contributeur	- Réaliser, piloter les leviers de la conduite du changement (formation, communication, organisation) sur des segments ou des lots identifiés

Le projet a été présenté, d'abord devant le comité de la filière RH, puis la décision de déploiement a été prise le 20 avril 2005 par le Directeur Général Délégué RH et Communication.

Cette validation a eu valeur de décision stratégique par le plus haut niveau exécutif de l'entreprise, donnant une dimension institutionnelle au projet. Cela a également sensibilisé les directeurs à ce dispositif et à son déploiement dans leur direction.

Résumé de la phase retour d'expérience

Phase	Retour d'expérience
Éléments déclencheurs	Une expérimentation significative sur le contenu du dispositif et représentative pour les acteurs concernés Un planning d'expérimentation et une organisation du retour d'expérimentation
Facteurs clés de succès	Nécessité d'interroger individuellement et collectivement les participants sur l'intérêt de la démarche, ce qu'ils en ont tiré et ce qui doit être amélioré Formalisation qualitative et quantitative de ce qui a été fait Restitution du retour d'expérience aux participants et aux acteurs
Principaux Résultats	Un rapport sur les avantages et points à améliorer Une décision politique sur la suite à donner

La phase d'expérimentation a été initiée par une décision de test, et finalisée par un retour d'expérience. L'objectif de cette phase était double. Les actions menées avaient pour mission d'étayer le dispositif avec un contenu, et de s'assurer que positionnement et contenu répondaient aux besoins des salariés en matière de conduite du changement. Cette phase a permis de passer du discours à l'action, et de concrétiser des modèles et des orientations. Ce moment de confrontation au réel est très important pour la diffusion d'une innovation. En effet, pour la première fois, cette innovation prend la forme d'outils utilisables dans l'activité réelle. L'objectif est de valider son intérêt, et de lister les points à améliorer. La question sous-jacente à cette phase a été : « Est-ce que l'option de professionnalisation à la conduite du changement répond aux besoins des salariés et des managers d'EDF qui gèrent des projets de transformation ? ». Les réponses du retour d'expérience montrent que oui.

Le cœur de ce dispositif était constitué d'une formation-action à une méthodologie de conduite du changement. Cette méthodologie a d'ailleurs évolué pour s'adapter aux différentes demandes internes et à leurs contextes particuliers.

Les principaux enseignements

Le dispositif a permis de passer d'approches empiriques à un pilotage plus structuré de la conduite du changement, avec les enseignements suivants :

- Apport de contenu concret, de méthodes, de grilles de lecture et d'outils qui « objectivent » la conduite du changement et fiabilisent l'action.

- Autonomie accrue vis-à-vis des consultants externes.

- Résultats : le coût de réalisation de la conduite du changement a été divisé par près de cinq (essentiellement par la chute des interventions de consultants sur les projets suivis).

Les participants à cette expérimentation ont également fait remonter trois remarques importantes pour le déploiement du dispositif :

- échanger et capitaliser les expériences en continu ;

- mieux travailler avec la maîtrise d'ouvrage des projets ;

- mieux impliquer les lignes managériales dans le suivi du dispositif.

Pour la suite, l'expérimentation a montré la nécessité de réfléchir à des collectifs plus homogènes ou plus ciblés. Il apparaissait nécessaire de créer une communauté d'objectifs en constituant des groupes plus homogènes soit en termes d'attentes, soit autour d'un projet commun. Par le dispositif de professionnalisation, le recours systématique à des consultants en conduite du changement peut être limité sans perte d'efficacité pour les projets. La formation-action est d'autant plus efficace que les projets sont opérationnels. Le dispositif peut être reconduit pour les grands projets et être proposé à des populations ciblées. Du retour d'expérience, se sont dessinés clairement les éléments de cadrage précis pour lancer la démarche de conduite du changement à EDF.

Un enrichissement par un fonctionnement expérimental avec le terrain

La DMO a été missionnée par le Directeur Général délégué Ressources Humaines et Communication, pour déployer le dispositif de conduite du changement, sur trois objectifs :

- donner un cadre de référence ;

- accompagner les unités dans le changement, sur les grands projets en priorité ;

- faire partager les bonnes pratiques.

À ce stade du projet, la DMO avait une alternative opérationnelle.

Première option, elle pouvait créer une équipe de consultants internes en conduite du changement, une sorte d'« EDF Consulting Group » mise au service des projets, le temps de la réalisation de ces derniers, dans une logique de régie ou de forfait.

L'autre option consistait à former des personnes dans les directions du groupe, et à les organiser en réseau d'experts. Ces personnes conserveraient leur poste opérationnel ou fonctionnel, suivraient une professionnalisation à la conduite du changement par des formations et un accompagnement sur un projet. C'est cette seconde option qui a été choisie. L'organisation retenue a consisté à positionner la DMO en interface méthodologique et d'expertise, chargée d'animer un réseau d'experts. Dans ce but, la DMO s'est dotée d'une équipe projet dédiée à la conduite du changement et au déploiement de son dispositif.

Instaurer une boucle d'amélioration « théorie/méthodologie/pratique »

Cette organisation a nécessité d'inventer un fonctionnement de partage et de coconstruction avec les opérationnels. Le dispositif de conduite du changement est, à la fois, un « outil » de gestion du changement et le résultat d'une alchimie entre des personnes que rien ne présageait à œuvrer ensemble. La DMO a été le pivot d'un fonctionnement tripartite dont elle était elle-même acteur. Ce dispositif, c'est en fait la rencontre :

- de deux personnes (pilote stratégique et pilote opérationnel) au sein de la DMO ;
- avec deux enseignants-chercheurs à l'université ;
- et un réseau de partenaires opérationnels.

La stratégie d'internalisation apparaissait comme une réponse.

Deux universitaires ont été associés pour bâtir une démarche innovante en conduite du changement. Le modèle proposé s'est inspiré des travaux de recherche de ces deux enseignants-chercheurs, intervenant aussi en entreprises. « Méthodologues » et « coachs-accompagnateurs », ils seraient chargés de professionnaliser à la méthodologie, pour l'essentiel sous la forme d'une formation-action déployée dans les projets.

L'équipe conduite du changement

EDF pour son projet de professionnalisation à la conduite du changement n'a pas voulu acheter une méthodologie « sur étagère » standard auprès d'un cabinet de conseil. EDF a souhaité se construire sa propre méthodologie, en y associant plusieurs types d'acteurs. Elle s'est organisée en mode projet pour bâtir un référentiel conduite du changement avec un pilote stratégique, Robert Leloup, un chef de projet opérationnel, Sandrine Marty et deux universitaires spécialistes de la gestion du changement, David Autissier et Jean-Michel Moutot.

Robert Leloup est directeur de la DMO. Avant d'occuper ce poste, Robert Leloup a occupé le poste de directeur de la division Particuliers et Professionnels à la direction Commerce d'EDF. Il a eu à gérer le projet d'ouverture aux professionnels du marché de l'électricité en 2004. Auparavant, il a occupé des postes de management opérationnel et de direction dans différentes parties du groupe EDF.

Sandrine Marty a un profil RH et Communication. Elle a occupé des postes de responsable de projets et de communication pendant plusieurs années, à la direction Communication d'EDF et, auparavant, à l'Éducation nationale.

Les deux enseignants-chercheurs ont travaillé sur la dynamique de changement dans les entreprises et les outils de la conduite du changement. Leurs travaux ont fait l'objet de publications en France et à l'étranger. Les deux ouvrages centraux de leurs recherches sont : *Pratiques de la conduite du changement*, Dunod, 2003 et *Méthode de conduite du changement*, Dunod, 2007.

L'état d'esprit dans lequel l'équipe a travaillé pour la conception et le déploiement du dispositif de conduite du changement peut être caractérisé par la formule : « l'écoute productive ». L'objectif central et affiché était la conception, le déploiement et la reconnaissance par le terrain de ce dispositif. L'écoute productive était indispensable pour créer sur le terrain un climat d'enrichissement mutuel, et non de concurrence interpersonnelle comme on peut le rencontrer dans les situations d'innovation managériale. Les compétences ont été mises en commun au service d'un nouvel outil de gestion du changement. Comme dans l'industrie automobile, un prototype a été créé par l'ensemble, façonné par les uns et les autres en fonction de leur savoir et ensuite, assemblé dans une logique client. L'idée n'était pas de défendre des points de vue de territoires personnels mais de trouver la solution la plus satisfaisante pour le client. Pour mettre en pratique cette idée, l'équipe projet n'a pas travaillé seule mais avec des managers et des chefs de projet avec le souci de son client.

La DMO a géré le dispositif de conduite du changement comme un projet : avec des objectifs, des lots, des phases, des responsables d'action pour transformer une idée et une attente en un outil de gestion opérationnel.

Un réseau d'opérationnels de la conduite du changement

La troisième composante de ce fonctionnement tripartite a été les salariés du groupe EDF. Ce mode de fonctionnement, en réseau, a permis une diffusion progressive de la méthodologie par les utilisateurs. Autre effet attendu, ce réseau a été le moyen de capter, au fil des projets, le ressenti et les attentes des opérationnels sur le dispositif de conduite du changement. Nous reviendrons sur le rôle de ce réseau dans le chapitre 3, consacré aux facteurs clés de succès.

Les objectifs du dispositif de conduite du changement

Les objectifs stratégiques	Les objectifs opérationnels
– Développer les compétences internes en conduite du changement – Contribuer au plein emploi par du redéploiement de ressources internes – Réduire les coûts de consultance externe	– Accompagner : apporter un appui opérationnel tout au long des projets pour les chefs de projet – Professionnaliser : créer un réseau d'experts internes en conduite du changement réunissant des managers, responsables RH et responsables conduite du changement – Sensibiliser à la conduite du changement, pour tous publics

Le schéma de la page suivante nous rappelle les moments clés de la création du dispositif de conduite du changement Litchi, et notamment comment les trois objectifs initiaux fixés lors de l'expérimentation (RH, Financier, Entreprise) se sont déclinés en actions en mode projet.

Les moments clés chronologiques du projet de conduite du changement : l'émergence de Litchi

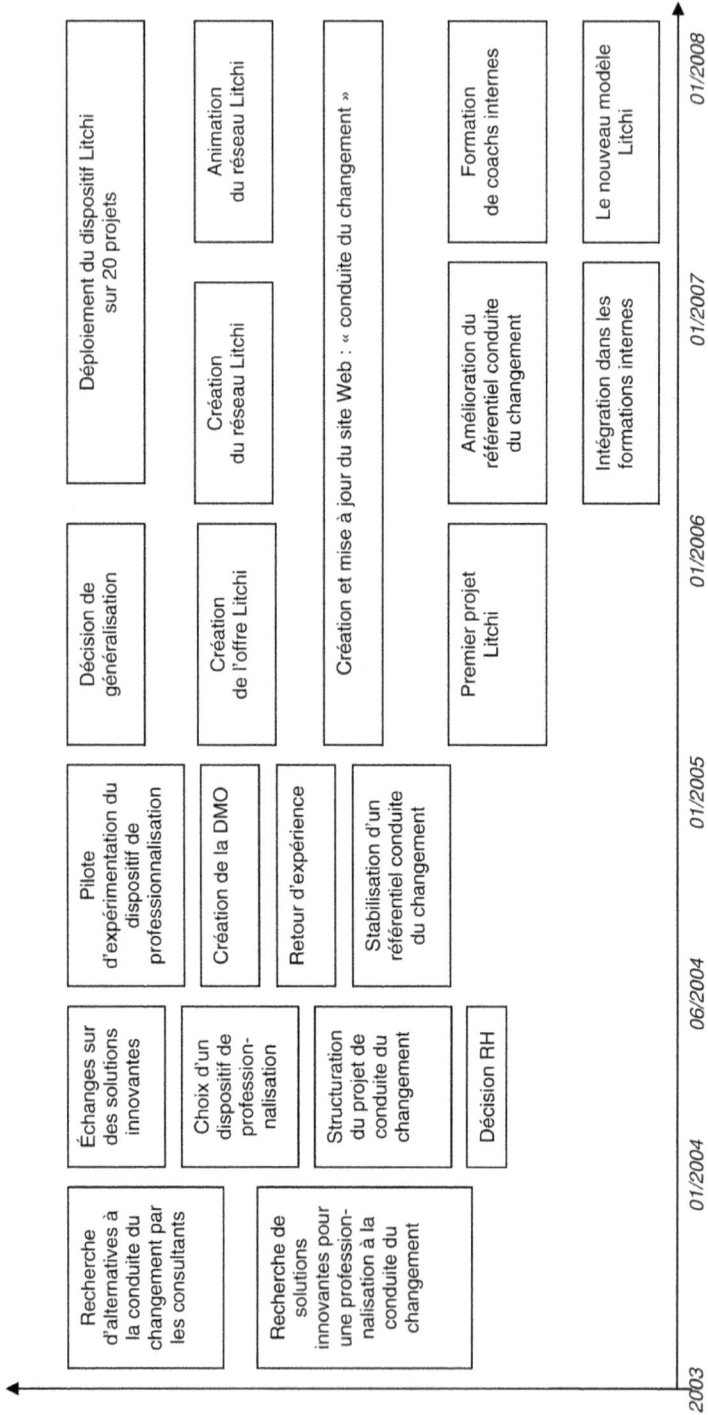

Timeline (2003 – 01/2008) avec les étapes :

- Recherche d'alternatives à la conduite du changement par les consultants
- Recherche de solutions innovantes pour une professionnalisation à la conduite du changement
- Échanges sur des solutions innovantes
- Choix d'un dispositif de professionnalisation
- Structuration du projet de conduite du changement
- Décision RH
- Pilote d'expérimentation du dispositif de professionnalisation
- Création de la DMO
- Retour d'expérience
- Stabilisation d'un référentiel conduite du changement
- Décision de généralisation
- Création de l'offre Litchi
- Création et mise à jour du site Web : « conduite du changement »
- Premier projet Litchi
- Déploiement du dispositif Litchi sur 20 projets
- Animation du réseau Litchi
- Création du réseau Litchi
- Amélioration du référentiel conduite du changement
- Intégration dans les formations internes
- Formation de coachs internes
- Le nouveau modèle Litchi

Repères temporels : 2003 — 01/2004 — 06/2004 — 01/2005 — 01/2006 — 01/2007 — 01/2008

En conclusion de cette phase d'expérimentation, nous pouvons faire ressortir quelques points. Introduire une nouvelle technique de gestion comme la conduite du changement peut être envisagé de différentes manières. Une première option consiste à l'intégrer dans des normes et procédures, et à les faire appliquer dans une logique hiérarchique. Si ce moyen a le mérite d'une forte lisibilité, la mise en application est moins certaine. Les opérationnels y voyant une forme de contrainte administrative refuseront. De plus, le dispositif conduite du changement porté par un service central, risquait d'être perçu comme un projet imposé par la tête du groupe sans que les opérationnels aient pu faire part de leurs besoins. Une autre méthode, qualifiée de construite, consiste à travailler avec les princi-paux intéressés pour construire le dispositif qu'ils utiliseront par la suite. Nous insisterons plus loin sur le fonctionnement en réseau avec le terrain, mais c'est ce dernier mode de fonctionnement qui a été retenu.

L'offre Litchi : trois types de prestations

Trois types d'interventions se sont construits au fur et à mesure des demandes et des retours de terrain :

- la formation/sensibilisation à la conduite du changement ;
- l'aide au cadrage amont de la conduite du changement ;
- la professionnalisation-coaching : formation-action à la conduite du changement avec accompagnement.

La formation/sensibilisation

La formation/sensibilisation « sur mesure » à la conduite du change-ment, consiste à réaliser des séminaires de formation auprès de managers ou de populations ciblées comme les RH, pour leur faire connaître les outils. Cela se matérialise par un cursus entre deux et cinq jours en fonction des populations, de leurs attentes, de leurs besoins et de leur maturité sur le projet. Le témoignage suivant montre simultanément les attentes et les besoins en conduite du changement pour l'entreprise EDF, dans le contexte économique et réglementaire qui conditionne son activité.

Un cadre de la fonction RH répond

Pourquoi avoir introduit le thème de la conduite du changement dans le cursus de professionnalisation des RH ?

« Cette dimension n'existait pas au début du cursus mais les enjeux de transformation de l'entreprise, et leur impact sur le personnel, en font un incontournable. L'ambition est que la fonction RH crée de la valeur ajoutée grâce à deux grands leviers : l'allocation pertinente des ressources (recrutement, mobilité, …), d'une part et la contribution à la motivation et à l'engagement des salariés, d'autre part. Nous devons, filière RH, veiller à maintenir les conditions de l'engagement durable des salariés. La valeur ajoutée des RH est là.

Avec Litchi, nous professionnalisons et outillons les RRH avec une méthodologie adaptable à leurs besoins opérationnels. À partir d'un cas concret, la dernière session du mois de mars a travaillé sur l'outil de pilotage de la méthodologie Litchi (tableau Change Scorecard). Les participants ont défini les indicateurs, rédigé le questionnaire à administrer. Ils pourront ensuite se servir de ce travail dans leurs fonctions opérationnelles. »

Comment fonctionne le binôme Manager/RRH ?

« L'annonce préalable et la conduite opérationnelle du changement reviennent au manager. Le RRH, lui, doit aider le manager à rendre lisible le changement. Cette répartition est souhaitée par les managers, qui reconnaissent et attendent de leur RH un rôle d'appui, de partenaire, dans la conduite du changement. »

L'aide au cadrage amont

Il est nécessaire d'aider, le plus en amont possible, les projets concernés à structurer leur lot conduite du changement. Deux bénéfices en sont attendus :

- l'appel à la consultance externe sera plus efficace – on sait de quoi on parle – et par voie de conséquence, plus économique ;
- le retour d'expérience sera facilité. Il est important de capitaliser cette valeur ajoutée dans notre montée en compétences conduite du changement, puis de la partager, de la mettre à disposition et au service du groupe EDF.

L'aide au cadrage amont s'adresse à des projets qui attendent de Litchi qu'il les conseille, qu'il forme quelques personnes de l'équipe projet, à produire un diagnostic.

La professionnalisation-coaching

La professionnalisation-coaching prévoit la réalisation d'un cursus de formation-action, avec une aide pour le cadrage et la production des principaux livrables.

Cette interaction permanente avec le terrain, a permis, en dix mois, de bâtir un dispositif en lien avec les attentes des bénéficiaires. Ils y ont vu un outil utile pour construire la conduite du changement de leur projet. Le verbatim suivant, issu des différents projets, montre comment Litchi a répondu à une demande managériale. Il met aussi en évidence les points à améliorer dans le dispositif.

Verbatim

« Le principe de la démarche, rendre acteurs les personnes concernées, a soudé l'équipe de direction. On redéploiera cette démarche sur d'autres projets. »

« Les outils sont "naturels" et permettent une adaptation rapide à d'autres problématiques. Les managers sont parties prenantes du réseau. Le réflexe est établi dans l'entité : "Est-ce qu'on peut utiliser la méthode et comment ?" »

« Il y a un investissement important en début de projet, car la méthodologie au départ apparaît assez théorique. »

« Litchi est arrivé un peu tard sur notre projet : on l'aurait fait avant, c'était parfait. Nous n'y connaissions pas grand-chose en conduite du changement. Aujourd'hui, c'est le coaching en région qui est le plus apprécié. »

Ce verbatim souligne la capacité du modèle de conduite du changement à s'adapter aux différentes situations, et à accompagner les opérationnels en charge de la production des principaux livrables. Les points d'amélioration traitent essentiellement de la pédagogie.

D'un point de vue économique, le dispositif Litchi a tenu ses promesses. En mutualisant les formations à la conduite du changement, le coût de formation est passé de 500 euros/jour par personne à 150 euros, soit une économie substantielle de 70 %. De surcroît, une personne formée sur un projet peut être employée sur d'autres projets. Dans les projets pour lesquels Litchi est intervenu, l'appel à la consultance externe pour le volet conduite du changement a été limité, permettant une réelle économie.

Une démarche progressive et pluriannuelle

Faire entrer la conduite du changement dans la culture d'une entreprise prend d'évidence du temps. Démarrant « petit et adaptable », la contrepartie était une montée en puissance progressive, en s'appuyant sur la preuve : sur et par le terrain. Nous avons accepté, dès l'origine, que cette montée en puissance se déroule sur plusieurs années. Nous avons conçu trois périodes :

- Première période : après deux ans d'expérience, le temps de la conviction et le temps nécessaire pour identifier parmi les experts formés, ceux qui pourraient, à leur tour, devenir des accompagnateurs, des « coachs-Litchi ».

- Deuxième période : choisir environ cinq à six de ces personnes pour les former et les faire « qualifier » comme formateurs et « coachs-Litchi ».

- Troisième période : dix-huit mois à deux ans plus tard, parmi les cinq ou six « coachs-Litchi », qualifier un ou deux formateurs de formateurs.

Le premier cycle de montée en compétences conduite du changement pour la maison mère se sera alors achevé. Il faut, toutefois, bien avoir présent à l'esprit que des apports externes resteront toujours nécessaires, vitaux, pour ne pas s'appauvrir en se répétant. Nous devrons rester ouverts sur de nouvelles méthodes, de nouvelles expériences que connaîtront d'autres entreprises.

CHAPITRE 2

Le modèle Litchi

Litchi est une boîte à outils opérationnelle pour tout manager ou chef de projet, qui désire conduire le changement dans le cadre d'un projet ou de son activité récurrente. Comme il est expliqué au chapitre 3, Litchi signifie « Les Instruments et Techniques du CHangement Interne ». Une de ses missions initiales est de diffuser la compétence conduite du changement sur le plus grand nombre de salariés du groupe EDF. Ces derniers doivent être en mesure de faire de la conduite du changement, sans avoir besoin d'apport externe en sollicitant des cabinets de consultants. À un moment donné de l'évolution du groupe et compte tenu du nombre croissant de projets, il est apparu que la compétence conduite du changement devait effectivement être partagée par un grand nombre, et ne plus seulement être perçue comme un besoin ponctuel que l'on traite en faisant appel à l'externe. Dans ce deuxième chapitre, nous détaillons la conception précise du « modèle » Litchi et ses différentes étapes. Nous y présentons les supports de formation que nous avons développés.

En apparence, Litchi est une boîte à outils mobilisable pour opérer la conduite du changement, mais cette notion ne représente que la partie émergée de l'iceberg. Litchi peut être représenté selon le schéma suivant. En tant qu'outil de gestion du changement, Litchi est simultanément un corpus de réflexions et d'objectifs, porté et accepté par une partie de l'entreprise. Il est aussi une déclinaison de méthodologies en outils qui sont directement applicables sur le terrain en formation et/ou résolution de problèmes. Tous ces points d'identification du modèle Litchi ont été formalisés dans une plaquette de quatre pages, dont l'objectif était de communiquer sur le dispositif en donnant des éléments concrets aux différents items.

La double boucle Conception/Déploiement du modèle Litchi

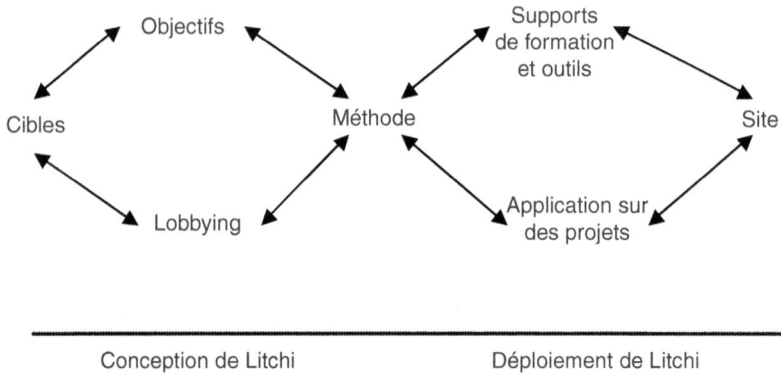

Conception de Litchi   Déploiement de Litchi

LA CONCEPTION DU MODÈLE LITCHI

D'un strict point de vue instrumental, Litchi pourrait être résumé à une liste d'actions à réaliser, avec la mise à disposition de modèles types pour la production de ces mêmes actions. La vision instrumentale d'un outil de gestion est souvent réductrice. Or, ce qui fait la valeur ajoutée de celui-ci, est de réaliser des objectifs pour des situations bien spécifiques. Un outil de gestion du changement comme Litchi, est d'abord un concept – certes porté par une technique. Nous le définissons au travers des quatre notions :

- les objectifs ;
- les cibles ;
- le déploiement : le « lobbying de sa diffusion » ;
- la méthode, bien sûr.

Les objectifs de Litchi

Les objectifs d'un outil de gestion donnent la finalité de celui-ci. Ils constituent simultanément les arguments qui le justifient, et les résultats que celui-ci devra rendre possible. Comme cela a été développé dans le chapitre précédent sur les besoins du groupe EDF en matière de conduite du changement, les objectifs ont été synthétisés au nombre de trois :

- augmenter la compétence conduite du changement des salariés du groupe EDF ;
- diminuer les coûts de consultance externe en conduite du changement ;
- augmenter la réussite des projets, et rendre possible une meilleure gestion des changements dans le groupe EDF.

Ces trois objectifs ont été à l'origine du dispositif. Ils ont été les arguments utilisés lors des actions de communication et de lobbying du dispositif. L'affichage d'une finalité et d'objectifs mesurables est indispensable pour l'acceptation d'un outil de gestion du changement, encore faut-il que les arguments avancés fassent sens pour les personnes concernées.

Extrait de la plaquette Litchi

Faciliter vos projets de changement

Ce programme a été expérimenté en 2004 avec 10 chefs de projet, managers, et experts fonctionnels de l'entreprise.

Ils ont été accompagnés pendant 8 mois par des experts et ont pu mettre en œuvre les outils de la méthodologie.

Les résultats en 2004

→ **Une baisse des coûts : division par 5** du coût de réalisation de la conduite du changement

→ **Un taux de satisfaction élevé** des participants

→ **Le développement des compétences internes** en conduite du changement

→ **Une meilleure acceptation** des changements par les utilisateurs

Un changement est réussi quand il est compris, accepté et mis en œuvre par chacun des utilisateurs.

Direction Management et Organisation

Dans le projet Litchi, les objectifs ont été affichés avec des premiers résultats issus de l'expérimentation. Ils ont ainsi rendu possible l'expression des promesses, tout en ayant des repères concrets sur les apports de Litchi.

Synthèse des objectifs de Litchi

Finalité	– Diffuser la compétence conduite du changement pour une meilleure gestion du changement
Objectifs	– Augmenter le nombre de managers formés à la conduite du changement – Systématiser la conduite du changement de manière appropriée pour tous les projets – Réduire les coûts de consultance externe en conduite du changement et mieux utiliser les ressources internes

Les cibles de Litchi

Avec la notion de cibles, il s'agit de s'intéresser, à la fois, aux situations de gestion et aux personnes concernées par ces mêmes situations. Litchi s'est d'abord intéressé aux situations de gestion ayant besoin de conduite du changement. Il s'est préoccupé ensuite des acteurs qui interviennent dans ces situations. Les trois cibles de Litchi sont les suivantes :

* gérer la conduite du changement dans un projet ;
* professionnaliser les managers à la conduite du changement et, plus généralement, à la gestion du changement ;
* inscrire le changement dans les préoccupations et pratiques quotidiennes pour opérer la transformation de l'entreprise.

À chaque situation, correspondent des acteurs par lesquels le changement se réalisera. Ces acteurs constituent les personnes à professionnaliser. Le tableau suivant donne, pour chacune des situations répertoriées, les personnes potentiellement intéressées par le dispositif Litchi.

Situations de gestion du changement	Acteurs concernés
Gérer la conduite du changement dans un projet	Les chefs de projet, responsables de la conduite du changement, pilotes opérationnels et stratégiques des projets, correspondants conduite du changement
Professionnaliser les managers à la conduite du changement	Les managers, la fonction RH
Réaliser la transformation de l'entreprise	La hiérarchie et les managers

Cette formalisation des cibles a d'ailleurs été reprise dans la plaquette Litchi. Elle a même fait l'objet de la première page de celle-ci, car ces cibles renseignent sur « Quand utiliser Litchi » et « Qui est concerné par Litchi ». À noter, également, sur la première page de cette plaquette, le slogan central de Litchi : « Accompagner le changement ». La formalisation de la cible doit permettre à une personne de pouvoir répondre à la question « Suis-je concerné(e) ? » et si oui, « Dans quelles circonstances de mon activité ? ». Le travail suivant de lobbying et de communication se fera aussi en fonction des cibles. Le projet Litchi a eu pour principales cibles les responsables de projet, les ressources humaines, les managers et les dirigeants. Cette dernière cible est définie davantage comme un levier de prescription que de professionnalisation. Elle diffère des trois autres qui sont considérées comme des clients potentiels du dispositif de professionnalisation du modèle Litchi.

Extrait de la plaquette Litchi

Le déploiement de Litchi : le « lobbying » de sa diffusion

La phase conceptuelle passe aussi par la connaissance et la reconnaissance du dispositif par les différents acteurs dans l'entreprise. Avant qu'une personne ne dise « J'utilise Litchi », il faut que le dispositif soit compris et accepté par plusieurs niveaux de ces acteurs. Nous les avons classés en quatre rubriques, comme le précise le tableau suivant.

Type d'acteurs	Ce qu'ils doivent dire pour favoriser la diffusion de Litchi
Acteurs sponsors	Litchi, c'est bien et important
Acteurs prescripteurs	Il faut utiliser Litchi
Acteurs décideurs	J'utilise Litchi sur un projet
Acteurs destinataires	Je me forme à Litchi et j'utilise Litchi

L'action de lobbying a consisté à avoir des actions différenciées en fonction des types d'acteurs et de leur rôle présumé dans la diffusion de l'outil Litchi. Les quatre types d'acteurs ont été traités de la manière suivante :

Les acteurs sponsors

Les acteurs sponsors, pour un outil comme Litchi, sont les membres des principaux comités de direction de l'entreprise qui donnent des priorités et orientation pour son déploiement. Ces indications sont structurantes pour le succès d'une telle initiative. Comme ceci est développé dans le chapitre 3 de cet ouvrage, retraçant les facteurs clés de succès de Litchi, le projet était à l'initiative du Directeur Général délégué Ressources humaines et Communication.

Les premières réactions étaient révélatrices d'une diversité de positionnements : entre ceux qui ont compris tout de suite ce qu'ils pouvaient en retirer concrètement, et les autres…

Les acteurs prescripteurs

Les acteurs prescripteurs sont de deux natures : les prescripteurs hiérarchiques et les prescripteurs fonctionnels.

Les prescripteurs hiérarchiques

Les prescripteurs hiérarchiques sont les directeurs des entités. Ce sont des personnes en charge de la réalisation d'une activité du groupe, dans un périmètre donné, avec des objectifs et des ressources associées. Ces directeurs d'entités disposent d'une équipe de direction, et se réunissent régulièrement en comité de direction pour traiter des points stratégiques. Prendre ou pas un nouvel outil comme Litchi, relève d'une décision gestionnaire. En effet, cela consiste à positionner la conduite du changement comme un élément structurant des projets. Dans ce contexte, le directeur de la DMO a demandé à avoir un créneau dans les comités de direction des directions opérationnelles et des directions fonctionnelles. Devant ces « Codir », il a présenté la démarche.

Pour attirer leur attention, il leur a été indiqué deux pièges à éviter et « les trois regards » lors d'une transformation :

- Les deux pièges à éviter sont : d'abord, de croire que la conduite du changement se résume à la conduite d'une transformation « technique » en mode projet ; ensuite, d'imaginer que la conduite du changement se limite à la communication. En effet, les salariés peuvent connaître un projet avant d'y adhérer.

- Les trois regards, lors d'un projet de transformation, sont *a priori* divergents : celui du dirigeant, celui du chef de projet et celui du salarié (*cf.* chapitre 3 et le marketing interne) :
  - le dirigeant sait pourquoi le changement doit avoir lieu. Il le comprend tellement bien, qu'il lui est même parfois difficile de comprendre que les autres ne le comprennent pas. Il attend que la transformation soit réalisée conformément à ce qui est prévu et dans les délais, le plus vite possible, pour bénéficier des résultats attendus ;
  - le chef de projet, ou pilote opérationnel du projet, focalisé sur les contraintes liées au contrat de celui-ci – livrables, coûts, délais –, est souvent gêné pour intégrer des éléments de conduite du changement. Ces derniers risquent, à ses yeux, de le mettre en difficulté pour respecter ledit contrat, notamment pour ce qui concerne les délais ;
  - le salarié se pose des questions de nature collective : « Pourquoi on change ? », « Qu'est-ce qui va se passer ? ». Puis il se pose des questions personnelles : « Et moi là-dedans, qu'est-ce que je vais faire ? »

Trois regards, trois logiques. La conduite du changement a en charge de rapprocher ces trois regards, ces différentes logiques. Elle permet de créer une lisibilité du projet pour apporter les éléments de réponses et favoriser, par là, l'adhésion des salariés au projet concerné.

Ces rencontres étaient l'occasion, pour nous, de percevoir l'intérêt des prescripteurs hiérarchiques. Pour ces derniers, elles donnaient l'occasion de proposer des projets sur lesquels pourrait être déployé le dispositif Litchi. La tournée des « Codir » s'est déroulée sur moins de six mois de la fin 2005 à début 2006. Elle a ainsi fait connaître le dispositif auprès de presque toutes les entités en France.

À partir de ces présentations, les directions ont alors envisagé des projets pour lesquels le dispositif Litchi était adapté. Pour chaque projet ciblé, il était procédé à des rendez-vous de cadrage pour concevoir un déploiement spécifique à chaque projet en fonction :

* des stratégies de changements ;
* de l'avancée des projets ;
* des besoins de changements ;
* des populations concernées.

Les prescripteurs fonctionnels

La seconde catégorie de prescripteurs, que l'on qualifie de prescripteurs fonctionnels, est constituée des responsables des ressources humaines. Historiquement, la conduite du changement a très souvent été rattachée aux ressources humaines. L'expertise conduite du changement était dévolue aux ressources humaines qui chapeautaient les activités de formation et de communication. Les ressources humaines sont des experts, légitimes à deux titres : le premier, en raison de la notion même de conduite du changement ; le second, car c'est un projet de professionnalisation et de transfert de compétences. Il s'agit de créer la compétence conduite du changement chez un grand nombre de personnes. Les acteurs RH ont été approchés d'abord dans les réunions de présentation en « Codir », puis lors d'entretiens individuels.

Les acteurs décideurs

Les acteurs décideurs pour le dispositif Litchi, sont les pilotes opérationnels de projets mais aussi leurs pilotes stratégiques. Les pilotes stratégiques et opérationnels ont été sensibilisés quand nous avons présenté et fait la promotion du dispositif Litchi dans les différents comités de directions. Les pilotes stratégiques des projets sont très souvent dans les comités de directions ; sinon, ils sont *a minima* très proches de ceux qui y participent. Ils ont donc été informés de Litchi et de ses modalités de déploiement. En revanche, la cible des pilotes opérationnels et des chefs de projet a été plus difficile à toucher, au-delà du bouche à oreille.

Les acteurs destinataires

Les acteurs destinataires correspondent aux Ressources humaines et à ceux qui interviennent dans la réalisation et/ou le pilotage des projets. Dans une logique « mass market » qui consiste à toucher un nombre important de personnes, ce sont des médias internes qui ont été utilisés. Il y a eu un article dans la revue interne d'EDF, en novembre 2005 sous la forme d'un article d'une pleine page, « Litchi : le fruit du changement », présentant les enjeux et le contenu de la démarche Litchi.

L'autre support créé à cet effet a été le site intranet « Conduite du changement », dans une logique d'accès à l'information la plus large possible. Nous détaillerons le positionnement et le contenu du site ultérieurement. Le site a été intégré à l'intranet du groupe et mis en accès libre pour que toute personne du groupe puisse y retrouver les principaux éléments.

LA MÉTHODE LITCHI :

SES TROIS PHASES ET SES SEPT LIVRABLES

CADRAGE   LEVIERS D 'ACTIONS   PILOTAGE

Dossier de Cadrage
1
- Périmètre Projet
- Nature des changements
- Dimensionnement CDC
- Organiser la CDC

Dossier d'Impacts
3
- Définition des changements
- Repérage des Impacts
- Plan de transition

Dossier de Pilotage
6
- Pilotage actions CDC
- Gestion des risques CDC
- Tableau de Bord CDC

Dossier de Communication
4
- Positionnement
- Mix Com
- Plan de communication

Dossier Socio-organisationnel
2
- Diagnostic Sociologique
- Résistances
- Acteurs clés
- Gestion des tensions

Dossier de Formation
5
- Besoins de formation
- Plan de formation
- Ingénierie de formation

Dossier de Transformation
7
- Anomalies
- Plan d'ajustement
- Plan de maintenance
- Indicateurs métier (KPI)

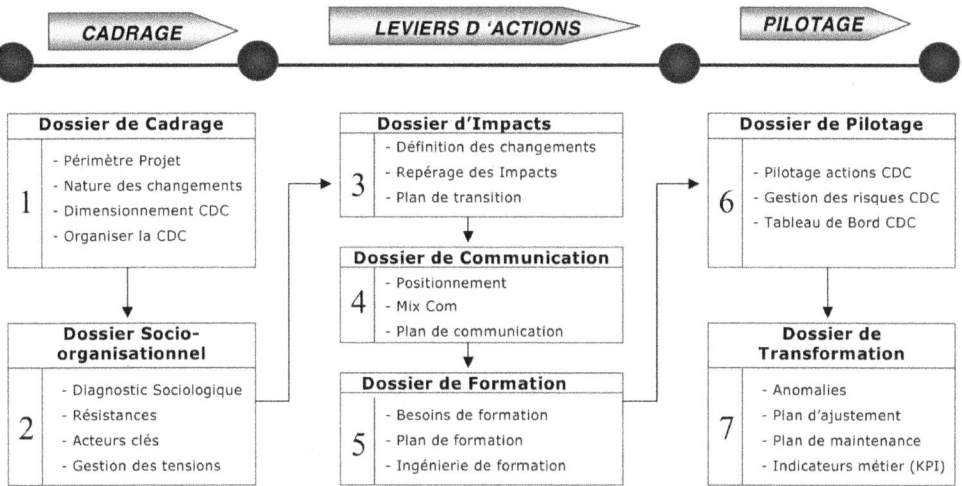

Les livrables de la conduite du changement

Afin de clarifier ces différentes approches, nous avons tenté une synthèse méthodologique de la conduite du changement. Nous avons différencié trois étapes majeures dans un projet de conduite du changement :

- La phase de cadrage correspond à l'analyse du changement et du contexte.

- La phase de leviers d'actions, les plans d'actions, illustrent le déploiement des leviers de la conduite du changement.

- La phase de pilotage par laquelle le responsable de la conduite du changement se dote d'outils pour s'assurer de la réalisation du changement et des objectifs qu'il sous-tend.

Dans une logique Diagnostic – Action – Contrôle, ces trois phases sont le moyen d'organiser sept livrables de la conduite du changement. Ils sont détaillés dans les paragraphes suivants.

Les livrables de la phase de cadrage

La phase de cadrage est très importante. C'est au travers de ses livrables que nous allons être en mesure de déterminer quels sont les besoins concrets d'un projet en conduite du changement. Devons-nous faire de la communication, de la formation et de l'accompagnement, et si oui, dans quelle mesure ? Trop de projets de conduite du changement développent des plans de communication sans avoir fait au préalable un travail de repérage et de cadrage. Pour éviter de déployer des actions contraires aux finalités et de gaspiller du temps et de l'argent, nous préconisons la réalisation d'un dossier de cadrage et d'une analyse socio-organisationnelle.

- Le dossier de cadrage est le premier livrable de la conduite du changement. Ce dossier renseigne à l'aide de grilles :
  - des informations concernant le projet (planning, objectifs, livrables, ressources) ;
  - les structures, processus et acteurs concernés (cartographie du périmètre) ;
  - les changements envisagés (calcul d'un taux de changement).
- Le dossier socio-organisationnel est un livrable qui peut être fait pour chaque projet. Il consiste à définir la culture de l'entreprise, ses valeurs, ses routines et habitudes, et le niveau de résistance des différents groupes d'acteurs. Il s'agit de faire un travail quasiment « ethnographique » pour déterminer les règles implicites par lesquelles les groupes se constituent.

Ces deux livrables se font en début de projet dans sa phase amont. Ils peuvent se matérialiser lors de l'étude préalable, ou bien tout au début de la conception générale. Nous préconisons cependant de les faire dans l'étude préalable, du fait que certaines variables observées peuvent amener les responsables de décision à abandonner un projet. Ces deux livrables sont des réponses à des questions du type : « Qu'est-ce qui va changer ? », « Pour qui ? », « Comment réagissent les personnes intéressées ? ». Ce n'est qu'après avoir fait ce travail de cadrage qu'il est possible de déterminer les leviers pertinents.

Le poids sociologique de « l'équipe de travail »

Un individu dans l'entreprise se reconnaît socialement dans celle-ci, en fait, à plusieurs niveaux. Il ressent son appartenance :

- à l'entreprise elle-même, sa marque, les valeurs qu'elle porte ;
- à son unité opérationnelle ou à son métier, selon la nature de l'activité ;
- à ce qui est pour lui son équipe de travail.

Il est important d'étudier le comportement de groupe de l'équipe de travail. Celle-ci est à la fois normalisante et vitalisante, sorte d'opinion publique locale, moteur ou frein au changement. Elle transmet des éléments culturels d'entreprise, se perpétuant jusqu'à en perdre l'origine. Par leur poids, leur passé, ces éléments parfois inhibent et n'incitent pas à emprunter de nouveaux chemins.

Rappelons sur ce sujet à notre sagacité, la métaphore suivante, issue dit-on d'une expérience, il y a quelques années, de l'université de San Diego. Certains d'entre vous la connaissent peut-être déjà, elle est tombée dans le domaine public.

Le théorème du singe

1. Mettez vingt chimpanzés dans une pièce.

2. Accrochez une banane au plafond et mettez une échelle permettant d'accéder à la banane.

3. Assurez-vous qu'il n'y a pas d'autre moyen d'attraper la banane qu'en utilisant l'échelle.

4. Mettez en place un système qui fait tomber de l'eau très glacée dans toute la pièce dès qu'on commence à escalader l'échelle.

5. Les chimpanzés apprennent très vite qu'il ne faut pas escalader l'échelle.

6. Arrêtez le système d'eau glacée, de sorte que l'escalade n'a plus son effet glacial pour tous.

☞

> 7. Maintenant, remplacez l'un des vingt chimpanzés par un nouveau. Ce dernier va chercher à escalader l'échelle et, sans comprendre pourquoi, se fera tabasser par les autres. (Eux savent quelque chose que lui ne sait pas).
>
> 8. Remplacez encore un des vieux chimpanzés par un nouveau. Ce dernier se fera encore tabasser, et c'est celui qui a été introduit juste avant lui qui tapera le plus fort.
>
> 9. Continuez le processus jusqu'à ce qu'il n'y ait plus que des nouveaux.
>
> 10. Plus aucun singe ne cherchera à escalader l'échelle et, si jamais il y en a un qui, pour une raison quelconque, ose y penser, il se fait massacrer *illico presto* par les autres. Le pire, c'est qu'aucun des chimpanzés n'a la moindre idée sur le pourquoi de la chose.
>
> C'est ainsi que naissent et perdurent certaines « cultures d'entreprise »…

Les livrables de la phase de leviers d'actions

La phase de leviers est la plus opérationnelle. Elle vise à déployer les actions d'accompagnement du changement. À l'origine, ces leviers étaient essentiellement la formation et la communication. Y a été ajouté par la suite un dossier d'étude d'impacts. Ces trois leviers (impacts, communication et formation) constituent des livrables que les personnes en charge de la conduite du changement devront produire. Cette production consiste à planifier les actions et à définir comment seront réalisées les actions prévues dans ces mêmes plans. Il est préconisé de faire les plans de transitions, de communication et de formation en début de projet, après la phase de cadrage, puis de réaliser leurs actions tout au long du projet, en prévoyant une période de trois à six mois après le déploiement du projet.

Le dossier d'impacts

Le dossier d'impacts consiste à lister tous les changements engendrés par le projet. Il précise les impacts de différentes natures (organisationnel, culturel, opérationnel, outil, etc.) et les populations concernées. Le dossier d'impacts prévoit de formaliser l'existant, en écrivant les processus concernés, et la cible. On reprend les objectifs du projet et les contraintes de l'existant pour avancer un plan de transition.

Quelles sont toutes les actions de changement à mener ? Qui concernent-elles ? Quels sont les dispositifs à prévoir ? Selon quelles échéances ?

Le dossier d'impacts est le premier livrable de la phase de leviers d'actions, car il constitue un diagnostic des changements à mener. Les dossiers de communication et de formation sont dépendants du dossier d'impacts parce que leur contenu dépendra du nombre et de la nature des impacts relevés.

Le dossier de communication

Le dossier de communication est probablement celui auquel on pense le plus. Il n'est pas le plus facile à réaliser. La manière de faire adhérer des personnes, consiste à décrire ce futur virtuel et à le communiquer. Or, ce mécanisme de miroir ne peut se faire que par la communication. Le dossier de communication consiste à trouver un positionnement équilibré pour le projet et à le transmettre sur différents médias, en fonction des cibles. Les différentes actions envisagées sont décrites dans un plan de communication dont l'efficacité est mesurée par des indicateurs de connaissances, d'image et de notoriété du changement.

Le dossier de formation

Le dossier de formation n'est pas obligatoire pour tous les projets de changement. Les actions de communication peuvent avoir un caractère d'information-formation expliquant aux personnes concernées ce qui va changer et les modalités de ce changement. Dans de nombreux projets, et notamment ceux de système d'information, le volet formation est très important car il est, bien entendu, nécessaire de donner de nouvelles compétences aux acteurs de l'entreprise. Cela se matérialise par un plan de formation qui définit les besoins, les contenus, les bénéficiaires et les échéances. Ce plan sert ensuite de base pour la production des supports, la réalisation des formations et l'évaluation des connaissances.

La production de ces trois livrables se fait au début du projet juste après la phase de cadrage. Elle fait l'objet d'une mise à jour permanente. Les actions sont réalisées et contrôlées selon des indicateurs et outils suivis dans les livrables de pilotage.

Les livrables de la phase de pilotage

Les actions du plan de transition, de formation et de communication n'ont d'intérêt que si elles réalisent les objectifs qui leur sont assignés. Dans une logique de gestion Objectif – Réalisation – Écart, nous préconisons de mettre en œuvre deux outils de pilotage du changement. Un premier, le dossier de suivi, consiste à s'assurer de la réalisation des actions, de leurs résultats et du pilotage des risques. Le second, le dossier de transformation, s'intéresse moins à la réalisation du changement qu'à la vérification des résultats de ce même changement sur les activités de l'entreprise. Ces deux dossiers sont mis en place dès la phase de cadrage et de levier, et mis à jour régulièrement au fur et à mesure de la réalisation des actions de conduite du changement.

Le dossier de pilotage

Le dossier de pilotage est le tableau de bord du responsable de la conduite du changement. Il est constitué d'un ensemble d'indicateurs qui mesurent la réalisation des actions en termes de coût et de planning. Il comporte aussi des indicateurs de risques et de comportements des différents acteurs du projet, afin d'évaluer leur niveau de résistance et de participation. Ce tableau de bord du changement peut être mis à jour, tous les mois, et servir de base aux différents comités de pilotage.

Le dossier de transformation

Le dossier de transformation est composé d'indicateurs métiers et business pour savoir si la réalisation du changement accompagné a rendu possible une amélioration de la performance de l'entreprise et des processus concernés. On parle de KPI (*Key Performance Indicators*) pour signifier des indicateurs d'évolution de la performance. À la différence du dossier de suivi qui se fait du lancement au déploiement, le dossier de transformation est essentiellement réalisé après le déploiement. On prend une valeur des indicateurs métiers avant le déploiement (par exemple : coût d'une facture, temps de traitement d'une commande, etc.) et on mesure leur évolution par la suite, en proposant des actions d'optimisation pendant une période de 3 à 18 mois.

Ce sont, au total, sept livrables à fournir :

* le dossier de cadrage ;
* le dossier socio-organisationnel ;

- le dossier d'impacts ;
- le dossier de communication ;
- le dossier de formation ;
- le dossier de pilotage ;
- le dossier de transformation.

Ces sept livrables pour trois phases s'échelonnent entre la phase amont d'un projet et son suivi postdéploiement (*post go live*), soit entre 6 et 24 mois. Cette formalisation des livrables borne le lot « conduite du changement ». Elle constitue la feuille de route de ceux qui en auront la responsabilité.

FORMATIONS ET ACCOMPAGNEMENT

Le modèle méthodologique, en trois phases et sept livrables, a constitué une définition de la conduite du changement en termes de périmètre et, surtout, de production. Il donne le moyen de répondre à la question « Qu'est-ce que l'on produit quand on fait de la conduite du changement ? » et surtout, constitue un langage commun pour définir la notion de conduite du changement. Ce modèle a également servi de base à la production de supports pour la formation « présentielle » et de supports électroniques. Il a ainsi été réalisé des modules de formations et des CD-Rom. La formation constitue un élément important de diffusion d'un outil de gestion du changement. L'outil de gestion n'est qu'une forme instrumentalisée d'une théorie et d'une méthode qui nécessitent d'être diffusées dans l'entreprise.

Les supports de formations

Les formations présentielles

Les formations présentielles sur la conduite du changement labellisées Litchi couvrent l'ensemble des points de la méthode. L'objectif a été de proposer un contenu de formations modulaire. À l'occasion d'un projet, ou bien sur des catalogues de formations, des modules étaient proposés, et les personnes concernées choisissaient les thèmes les plus appropriés à la question de changement qu'elles avaient traitée et/ou en fonction de leur expérience passée ou de leur intérêt. Dans un projet, il a toujours été préconisé de suivre l'ensemble du cursus. Ces sept jours de formation sont, en effet, nécessaires pour développer une compétence sur ce thème.

L'ensemble des contenus de formation a été stocké sur le site, et mis à la disposition de tous les salariés.

Les formations à la conduite du changement

	Modalités	Objectifs
Enjeux, méthodes et outils de la conduite du changement	2 jours	Définir les enjeux de la conduite du changement dans la gestion de projet Enseigner les différentes méthodes de conduite du changement Présenter les outils de la conduite du changement
Gérer les résistances et la psychosociologie du changement	1 jour	Comprendre les mécanismes psychosociologiques de refus, d'acceptation et d'attentisme face au changement, et les gérer tant individuellement qu'en situation de management
Dimensionner et piloter la conduite du changement d'un projet	1 jour	Construire la feuille de route du lot conduite du changement d'un projet et déterminer les ressources nécessaires Présentation des tableaux de bord du changement et des indicateurs de pilotage d'une action de conduite du changement
Réaliser une étude d'impacts d'un projet de changement	1 jour	Quand et comment réaliser l'étude d'impacts d'un projet : quels sont les outils à mobiliser, les méthodes d'évaluation et les modèles types de plan d'actions ?
Réaliser la communication d'un projet de changement	1 jour	Bâtir un positionnement de communication en termes de messages, de cibles et de médias dans le cadre d'un plan de communication
Réaliser le plan de formation d'un projet de changement	1 jour	Définir des méthodologies, pratiques et outils pour déterminer le besoin de formation d'un projet et s'assurer de la réalisation des formations pour la réussite de ce même projet

Le e-learning

Les contenus de formation présentielle ont été couplés à des contenus e-learning disponibles sur le site ou bien distribués sur des supports de type CD-Rom. Il a été proposé sept modules d'autoformation de trois heures chacun, expliquant les grandes étapes méthodologiques. Ils comportent de nombreux exercices et une étude de cas sur le thème traité, avec des mises en situation.

Présentation des modules d'autoformation

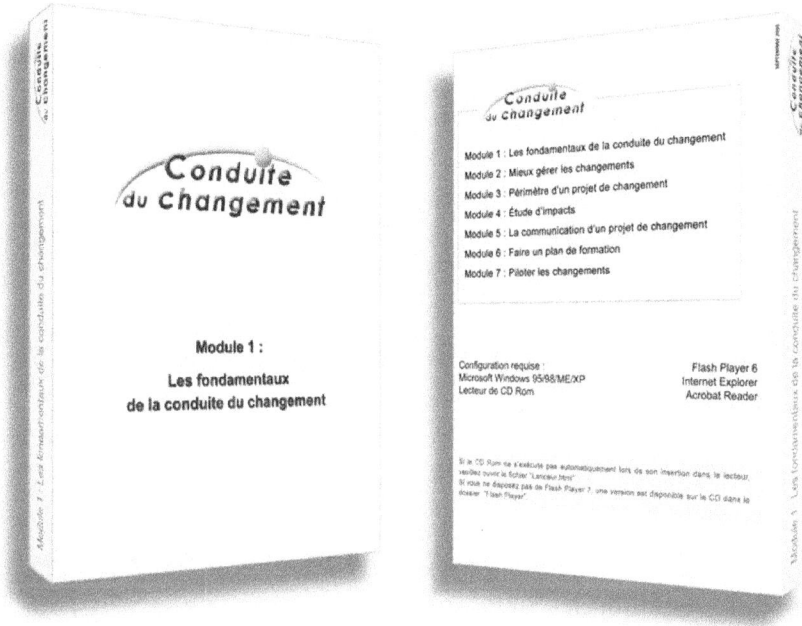

CD 1 : Les fondamentaux de la conduite du changement

Ce module rassemble l'essentiel de la conduite du changement, en expliquant ses enjeux, la manière de la dimensionner sur un projet et sa méthodologie pour la mettre en application.

CD 2 : Mieux gérer le changement

Ce module s'appuie sur l'aspect psychosociologique de la conduite du changement en abordant les thèmes de la prise de risque, de l'attachement à l'existant, des comportements face au changement et des techniques pour se l'approprier.

CD 3 : Périmètre d'un projet de changement

Ce module a pour objectif d'aider à déterminer toutes les cibles concernées de près ou de loin par le changement, et de déterminer l'impact qu'aura le projet.

CD 4 : Analyse d'impacts

Ce module présente la méthodologie complète pour réaliser une étude d'impact, à l'aide de questionnaires.

CD 5 : La communication d'un projet de changement

Qu'est ce que la communication ? Comment les personnes communiquent-elles et se comprennent-elles ? Comment positionner sa communication et réaliser un plan de communication ? Autant de questions auxquelles ce module apporte les réponses.

CD 6 : La formation dans un projet de changement

Ce module donne le moyen de prévoir les formations de A à Z : de leur cadrage et de la définition des objectifs pédagogiques jusqu'à la logistique, l'animation et l'évaluation des sessions.

CD 7 : Pilotage d'une action de conduite du changement

Ce module explique les différents types d'indicateurs (métier, projet et changement) et la méthodologie pour les identifier, les mettre en œuvre et les analyser.

Les modules comportent tous une introduction, trois cours composés chacun de trois leçons, une étude de cas et une conclusion. Chacune des neuf leçons comporte un quiz afin de valider son contenu. Les études de cas se déroulent dans un milieu interactif, où l'utilisateur évolue dans un décor en 3D et va interviewer ses collègues grâce à l'intégration de vidéos.

Les modules comportent aussi un glossaire et une bibliothèque de documents à télécharger.

L'accompagnement des projets

Le dispositif propose une formation et un accompagnement sous la forme de « coaching » pour que le stagiaire puisse, au fur et à mesure de sa formation, transposer tout de suite dans l'opérationnel les enseignements acquis. Il est ainsi en mesure de produire la conduite du changement sur un projet auquel il participe. Litchi a fait de ce principe une priorité pour que la méthodologie et les outils fassent la preuve de leur efficacité par l'exemple pratique.

En deux ans (hors période d'expérimentation), vingt projets ont été traités avec Litchi au cours desquels environ 600 personnes ont suivi tout ou partie des formations.

LE SITE INTRANET « CONDUITE DU CHANGEMENT »

Très vite, en avançant dans la construction du dispositif Litchi, il nous est apparu nécessaire de disposer d'un site intranet « Conduite du changement ». Nous en avions besoin pour servir de relais d'information. La volonté, dès le départ, a été d'afficher une totale transparence : le rendre accessible à tous. Les objectifs de ce site étaient en fait multiples :

- servir de plaquette institutionnelle pour le dispositif Litchi ;
- présenter le dispositif avec sa méthodologie et ses modalités d'intervention sur le projet ;
- proposer des outils concrets et téléchargeables pour réaliser des productions de la conduite du changement ;
- mettre en ligne des outils de diagnostic comme le test de compétences en conduite du changement ;
- mettre en ligne les contenus de formation papier et la formation e-learning, afin que toutes les formations soient accessibles à tous ceux qui le désirent ;
- faire des retours d'expérience sur les projets réalisés dans le cadre d'un partage des bonnes pratiques ;
- faire connaître les outils et l'actualité du réseau, des projets, …

Le site « Conduite du changement » a été structuré en différentes rubriques :

- La présentation de la conduite du changement : présentation de la DMO, généralités sur la conduite du changement, acteurs, méthodologie.
- Les solutions mises en œuvres dans l'entreprise : l'appui et le conseil, les formations/actions, la professionnalisation. Toutes ces solutions sont détaillées, et il est possible de télécharger les

programmes des séminaires de formation et des documents de synthèses.

- Le référentiel des compétences : un ensemble de fiches métiers téléchargeables pour permettre à chaque corps de métier de connaître son rôle dans la conduite du changement, des tests en ligne suivant la fonction des salariés sont proposés. Ces tests proposent un parcours de professionnalisation personnalisé.

- La boîte à outils : elle rassemble les sept livrables, tous les outils et les masques téléchargeables pour :
  - un guide de dimensionnement de la conduite du changement pour un projet ;
  - la cartographie des changements et le calcul d'un taux de transformation d'un projet ;
  - la cartographie des acteurs ;
  - la marguerite sociologique ;
  - le niveau de résistance ;
  - l'étude d'impacts quantitative ;
  - l'étude d'impacts qualitative ;
  - le plan d'accompagnement des transformations ;
  - le positionnement de communication du projet ;
  - le plan de communication ;
  - le plan de formation ;
  - le tableau de bord du changement et ses indicateurs.

Le site intranet a donc été construit, puis ouvert à l'ensemble du personnel.

Le site intranet « Conduite du changement » a été mis sur le réseau intranet à la mi-juillet 2005 pour le tester, détecter les « bugs » éventuels. Aucune publicité ne fut réalisée. Celle-ci eut lieu seulement un mois et demi plus tard, à la fin du mois d'août. La semaine d'après le 15 août, sans aucune publicité, plus de 400 téléchargements de la plaquette furent réalisés à partir du site.

Ce fut pour nous un signe de l'intérêt suscité en interne par la création de ce dispositif.

Dès le lancement, et pendant une période de trois mois, le site a connu une consultation à un rythme de plus de 1 000 connexions par mois, pour ensuite se stabiliser à 500.

APPLICATION SUR DES PROJETS

Le premier projet avec Litchi

Le « premier projet Litchi » a été décroché en octobre 2005, soit environ deux mois après les premières actions de lobbying. Ce projet a été réalisé à la direction Commerce. Il est détaillé au chapitre 3 (cas Litchi n° 1). À l'occasion d'une présentation du dispositif dans son « Codir », la direction Commerce a demandé aux responsables de division de trouver des projets sur lesquels il serait intéressant de déployer le dispositif Litchi. Ces responsables ont redescendu l'information et sollicité, à leur tour, les responsables des projets en cours. La logique d'information descendante a fait émerger le premier projet

Ce projet a duré environ dix mois. Il a permis la formation d'une vingtaine de personnes et produit des études d'impacts, une analyse de risques, des tableaux de bord de pilotage, un plan de communication. Ce projet a aussi été l'occasion de tester la notion de « correspondant Litchi ». Le correspondant Litchi est une personne formée aux sept jours de la méthodologie et qui a réalisé différents livrables de la conduite du changement pour le projet. Bien souvent, ce sont des personnes issues des ressources humaines. Elles ont joué ce rôle avec l'idée de mettre à profit cette expertise sur d'autres changements. Le retour d'expérience suivant donne des indications sur ce qui a été produit sur ce projet.

Résumé concernant le premier projet

Phase	Premier projet
Éléments déclencheurs	Avoir une offre formalisée et claire Avoir un projet intéressé, Avoir un projet avec une forte composante opérationnelle
Facteurs clés de succès	Savoir faire évoluer le dispositif très rapidement en fonction des demandes Positionner le projet client comme un partenaire Faire un suivi du lobbying pour que les « chefs » fassent descendre les instructions
Principaux résultats	Un projet réalisé, réussi et des pistes d'amélioration

Le rôle donné au dialogue dans le dispositif Litchi

Faire une étude d'impacts ou un plan de communication et de formation est important pour la réalisation d'un changement mais pas suffisant.

Un des retours que nous avions eu lors du déploiement de Litchi validait ce constat, et nous invitait dans la voie du dialogue et de l'échange.

Verbatim

« Ce qui est bien avec Litchi, c'est que nous n'avons pas seulement à remplir des cases de tableau ou des questionnaires. Nous avons pu échanger, et les ateliers proposés nous ont donné un temps de dialogue sur ce qu'allait être notre fonctionnement. Par manque de temps, nous n'avions jamais fait cet exercice qui nous a permis de dire des choses que nous avions sur le cœur. Litchi nous a donné l'occasion d'échanger sur notre avenir, et d'échanger sur une cible et ses impacts. Dans les projets de changements, l'échange est tout aussi important que les outils de planification de ce même changement. Ce qu'il faut, c'est trouver un équilibre entre l'instrumentalisation et la participation, et faire en sorte que cette dernière soit pleinement productive et pas un moment de discours spéculatifs. »

Très tôt dans son dispositif, Litchi a introduit la notion d'ateliers psychosociologiques. Il fallait que les parties prenantes d'un projet entrent en mode participatif. Très souvent déployés à l'occasion de formations ou de séminaires internes, ces ateliers sont des moments de mise en situation. Les participants y échangent sur leur perception personnelle du changement. L'atelier est résolument orienté sur les solutions à apporter à des dysfonctionnements actuels ou probables. Les différents participants proposent des explications et des solutions. Ce jeu à trois niveaux (Explications – Problèmes – Solutions), en entrant par l'un des trois, vise à mettre les participants en situation d'échanges neutres. Les tensions entre individus sont, certes, toujours sous-jacentes, et risquent, à tout moment, de prendre le dessus sur la mise en situation de l'atelier. Il est nécessaire d'avoir des animateurs expérimentés pour ce type d'intervention. Ils doivent bien connaître le déroulé des ateliers et les modalités de leur animation. Ils doivent être capables de recentrer les participants sur l'objectif de l'atelier et ne pas laisser s'installer des dérives relationnelles contraires à l'objectif initial.

Dans le cadre des projets de changement, le dispositif Litchi a fait appel principalement à deux types d'ateliers, sur proposition au chef de projet ou sur demande de celui-ci. Les ateliers ne sont pas des séquences de « parlotes », mais au contraire, des moments privilégiés. Ils constituent une expérimentation, pour que les participants prennent conscience de certains éléments. Dans cet objectif, le dispositif a principalement utilisé l'atelier Prospective et l'atelier Métaphore.

L'atelier Prospective

En début de projet, avec l'objectif de faire prendre conscience aux différents participants des facteurs d'échec et de réussite, nous préconisons de déployer l'atelier Prospective. Cet atelier a été utilisé dans la phase pilote du dispositif Litchi. L'idée consiste à créer deux groupes distincts et à leur donner le résultat, deux ans plus tard, du projet sur lequel ils travaillent : succès ou échec. Le premier groupe travaillera sur les causes, actions et résultats du succès du projet. Le second groupe déterminera les causes, actions et résultats de l'échec du projet. Après 40 à 60 minutes de brainstorming, on demande à chacun des deux groupes de présenter leurs résultats et de faire ensemble la feuille de route du projet sur lequel ils travaillent. L'exemple suivant montre une illustration fictive de ce type d'atelier. Les chiffres donnés sont fictifs et ne servent que pour l'exercice.

L'atelier Prospective est conseillé en début de projet pour que les participants prennent conscience que la réussite de celui-ci n'est pas naturelle. Cela peut aussi être le moyen de créer une équipe, en faisant travailler ensemble des personnes qui ne se connaissent pas. Ils prennent ainsi conscience des priorités de chacun, des degrés d'expérience et de sensibilité sur les différentes dimensions d'un projet.

—— Exemple fictif ——

« Loi de parité dans une entreprise »

Le scénario positif

« Une loi obligeant les grandes entreprises à atteindre une parité des sexes dans le milieu professionnel a été votée en juin 2004. Un programme pilote de mise en œuvre de la loi a été lancée dès fin 2004, en travaillant sur le métier Technicien Service d'Intervention, avec pour objectif d'atteindre, dès janvier 2007, la parité sur ce métier.

☞

Nous sommes en janvier 2007. Le projet a parfaitement fonctionné. Dans ce but, de nombreux changements ont été mis en œuvre. À ce jour, 35 % (vs 14 %, deux ans auparavant) des effectifs du métier Technicien Service d'Intervention sont des femmes. Le pilote est en voie de généralisation à l'ensemble des métiers sur les années qui viennent. L'équipe projet est vivement félicitée . »

Vous formez l'équipe de conduite du changement du projet qui a travaillé deux ans sur le pilote. Pour en arriver là, que s'est-il passé ? Qu'avez-vous décidé ? Qu'avez-vous fait ?

Le scénario négatif

« Une loi obligeant les grandes entreprises à atteindre une parité des sexes dans le milieu professionnel a été votée en juin 2004. Un programme pilote de mise en œuvre de la loi a été lancée dès fin 2004, en travaillant sur le métier Technicien Service d'Intervention, avec pour objectif d'atteindre, dès janvier 2007, la parité exacte sur ce métier, sans procéder à des recrutements externes.

Nous sommes en janvier 2007. Le projet a échoué. À ce jour, 18 % (vs 14 % deux ans auparavant) des effectifs du métier Technicien Service d'Intervention sont des femmes. Le pilote est abandonné. L'équipe projet est dissoute. Cette expérience restera comme un échec. »

Vous formez l'équipe de conduite du changement projet qui a travaillé deux ans sur le pilote. Pour en arriver là, que s'est-il passé ? Qu'avez-vous décidé ? Qu'avez-vous fait ? Que n'avez-vous pas fait ?

L'atelier Métaphore

L'atelier Métaphore a été utilisé à plusieurs reprises dans des déploiements du dispositif Litchi, essentiellement pour des projets organisationnels qui visaient aux rapprochements et/ou à un nouveau découpage d'activités. Cet atelier a pour objectif d'amener des personnes à formaliser leur ressenti, par exemple par le dessin. Sur un thème ou une réalité ayant un impact sur les participants, il leur est demandé de décrire l'existant et sa projection dans le futur :

- en groupes réduits, ils expriment la situation existante par du dessin, de la couleur, des idéogrammes, des photos ;

- en séance plénière, ceux qui ont réalisé le dessin se taisent, les autres participants l'interprètent ;

- chaque groupe fait une liste de ce qu'il devrait améliorer pour mieux être compris et faire adhérer les autres acteurs ;
- une synthèse du « comment faire » est réalisée pour chacun des rôles.

L'atelier Métaphore est surtout utilisé pour traiter des différends entre des groupes dans un projet.

Synthèse Litchi

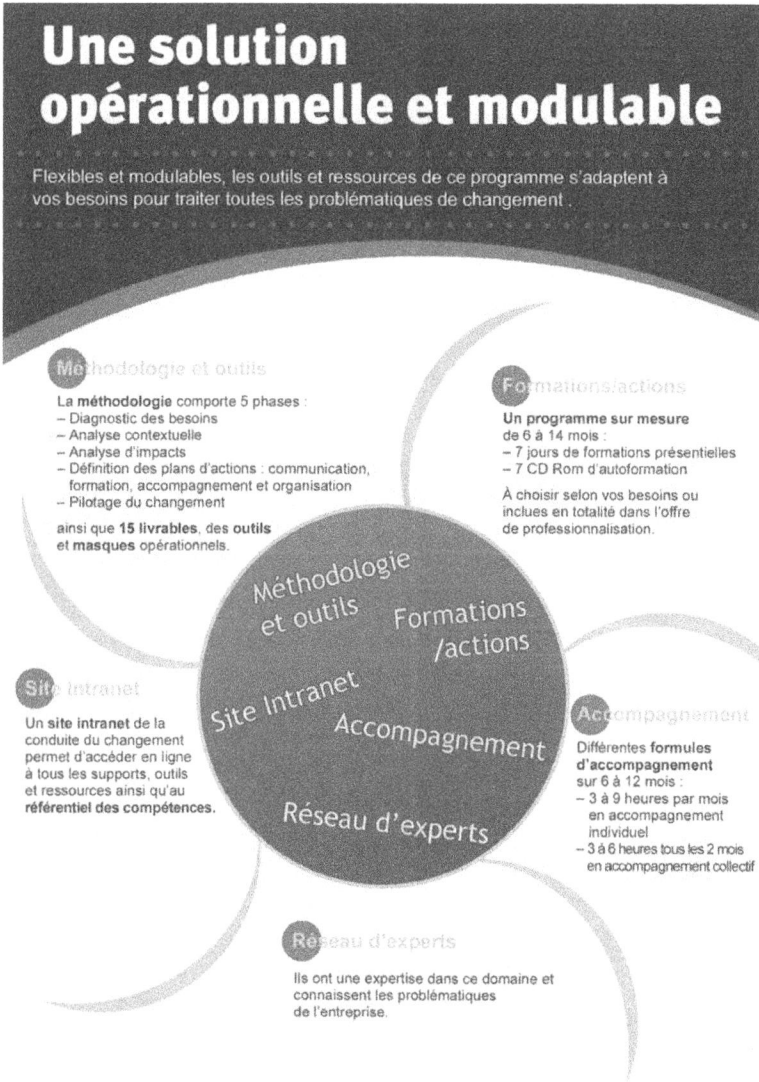

Une solution opérationnelle et modulable

Flexibles et modulables, les outils et ressources de ce programme s'adaptent à vos besoins pour traiter toutes les problématiques de changement .

Méthodologie et outils

La **méthodologie** comporte 5 phases :
– Diagnostic des besoins
– Analyse contextuelle
– Analyse d'impacts
– Définition des plans d'actions : communication, formation, accompagnement et organisation
– Pilotage du changement

ainsi que **15 livrables**, des **outils** et masques opérationnels.

Formations/actions

Un programme sur mesure de 6 à 14 mois :
– 7 jours de formations présentielles
– 7 CD Rom d'autoformation

À choisir selon vos besoins ou inclues en totalité dans l'offre de professionnalisation.

Site intranet

Un **site intranet** de la conduite du changement permet d'accéder en ligne à tous les supports, outils et ressources ainsi qu'au **référentiel des compétences.**

Accompagnement

Différentes **formules d'accompagnement** sur 6 à 12 mois :
– 3 à 9 heures par mois en accompagnement individuel
– 3 à 6 heures tous les 2 mois en accompagnement collectif

Réseau d'experts

Ils ont une expertise dans ce domaine et connaissent les problématiques de l'entreprise.

Chapitre 3

Les facteurs clés de succès de Litchi

Le bourdon a une surface d'aile de 0,7 cm^2 pour un corps de 1,2 gramme. Ses ailes sont extrêmement fines. D'après tous les calculs scientifiques et les études menées en aérodynamique, il est impossible pour le bourdon de voler avec cette relation.

Mais le bourdon ne le sait pas, alors il vole !

Igor Sikorsky (1889-1972), inventeur de l'hélicoptère

Au travers de l'expérience Litchi et du recul que nous pouvons en avoir sur une période significative de trois ans, nous bénéficions d'une étude de cas intéressante sur la diffusion d'un outil de gestion du changement dans un grand groupe. L'introduction d'un nouvel outil ou d'une nouvelle organisation concernant les outils de gestion n'est pas neutre, et son succès n'est pas seulement lié à des qualités techniques. De nombreux facteurs de succès se croisent et se confortent pour transformer une idée en un outil utile, utilisable et utilisé.

Cette notion autour de l'utilité est parfois appelée la « règle des trois U ». Pour qu'un outil de gestion du changement tel que Litchi, réponde à la règle des trois U et passe le stade de l'expérimentation pour devenir un réflexe gestionnaire quotidien, celui-ci a dû, à différents moments, se construire ses facteurs clés de succès. Nous les abordons dans cette partie. La diffusion d'un outil de gestion répond à des problématiques de marketing interne. Les acteurs bénéficiaires sont considérés comme des clients auprès desquels il est nécessaire de recueillir les besoins tout en leur montrant les qualités du dispositif. L'option prise par Litchi a été de rechercher sa légitimité par les utilisateurs et de ne pas rentrer dans un jeu d'imposition forcé par la hiérarchie qui n'aurait d'ailleurs eu que de faibles résultats. Un autre facteur clé de succès sur la notion d'utile a été l'adaptation permanente de l'offre Litchi et la capitalisation faite à partir des expériences dans une logique de mutualisation. Le modèle initial a été revu et amélioré. Sa mise en pratique a été partagée entre les entités. Un autre facteur clé sur le thème utilisable a été d'organiser un réseau des personnes professionnalisées. Elles sont devenues des experts en conduite du changement dans leur direction et les relais du réseau Litchi dans l'entreprise. Dans une logique d'amélioration collective par la pratique, le dispositif Litchi a peu à peu trouvé sa place dans le fonctionnement d'EDF.

Dans ce chapitre nous aborderons successivement les trois points suivants :

- Le « marketing interne ».
- La capitalisation et le partage.
- La création du réseau Litchi, un réseau transverse Groupe.

LE MARKETING INTERNE POUR RENDRE LITCHI VISIBLE

Les résultats de l'expérimentation et la décision de généralisation nous ont mis dans une situation de mise en production.

Dans cette phase, qui a duré environ cinq mois, les éléments importants et structurants ont été :

- la création de l'offre Litchi au travers de son contenu et de son positionnement ;
- les actions de promotion et de lobbying pour faire connaître le dispositif Litchi.

Une démarche marketing est indispensable pour le déploiement et la diffusion d'un nouvel outil de gestion du changement. L'environnement des managers est caractérisé par l'urgence des réalisations et l'inflation des outils de gestion à leur disposition. Dans une situation d'offre, ceux-ci choisissent ceux qui leur seront le plus utiles dans un contexte hiérarchique qui n'est pas sans conséquence. Les choix en entreprise ne sont pas neutres. La dimension prescriptive de la hiérarchie est une des composantes de l'adoption d'un outil de gestion. Il est alors indispensable de travailler sur les cibles du dispositif (les clients), d'adapter le produit à leurs besoins et de mener des actions d'information ciblées.

Contenu et positionnement de l'offre Litchi

La création du « package » Litchi s'est faite par la recherche d'un nom, d'un univers graphique, d'une plaquette et d'un fonds de ressources. Cependant, l'approche marketing a démarré plus tôt, bien avant la création des outils de communication (plaquette, site, …) du projet. C'est l'ensemble de la démarche Litchi que nous avons orienté « bénéfice client », avec le souci d'écouter, de prendre en compte les besoins internes, et aussi de se faire comprendre et entendre par nos clients potentiels. Pour ce faire, il nous fallait expliquer simplement le rôle de la conduite du changement, rendre lisible son utilité aux yeux des opérationnels.

Faire la pédagogie de la conduite du changement

L'un des premiers constats qui s'est imposé au démarrage du dispositif a été la nécessité de clarifier, simplifier les concepts psychosociologiques et organisationnels, parfois complexes. Ces concepts étayent et soutiennent la méthodologie de la conduite du changement. Sans ce travail préalable, nous courions un risque fort dans la réussite du projet, celui d'être incompris par nos futurs « clients » et, par conséquent, de verser dans une perception un peu « gadget » de la conduite du changement.

Pour limiter ce risque, un important travail rédactionnel a été entrepris, avec un double objectif :

* simplifier les concepts développés dans la méthodologie en les rapprochant, sans les trahir, des besoins des opérationnels. Ce fut, pour l'essentiel, une écriture privilégiant l'utilisation de mots simples, de formules pédagogiques ;
* privilégier le sens de l'action, en insistant sur la finalité opérationnelle de l'outil, le « à quoi me sert cet outil pour faire avancer mon projet ».

Avec le recul, nous pensons que la définition du rôle de la conduite du changement que nous avons proposé, favoriser l'adhésion des utilisateurs au changement, a contribué à clarifier, en interne, le champ d'action de la conduite du changement. Pas toujours facile, en effet, de s'y retrouver entre les différents rôles de la conduite du changement ; selon que l'on est commanditaire, membre d'une équipe projet ou salariés touchés par le changement.

L'adhésion se matérialise par un comportement positif à l'égard d'un projet. Elle se manifeste par une participation active ou au minimum par une « neutralité bienveillante ». Pour Litchi, la conduite du changement, c'est déployer des actions pour créer et accroître et conserver cette adhésion.

Favoriser l'adhésion au changement

Cet objectif, favoriser l'adhésion, se heurte toutefois aux différentes attentes des acteurs du projet. Lors d'un projet de transformation, il y a trois regards et leurs logiques différentes se croisent. Ils sont tous importants dans la réussite d'un changement. Il y a celui du dirigeant, celui du chef de projet et, enfin, le regard du salarié (*cf.* chapitre 2).

Reprenons-les :

- Le regard du dirigeant se caractérise par le temps nécessaire au déploiement du changement. Pour lui, la conduite du changement est un moyen pour mettre en œuvre la stratégie et réaliser ses objectifs. Ce qui lui importe, c'est que celle-ci se mette en œuvre le plus rapidement possible. Pour le dirigeant, l'adhésion est un investissement. Ce dernier nécessite un peu de temps au début du projet mais son retour doit être très rapide. Les transformations s'opéreront en effet d'autant plus rapidement que l'adhésion est forte.

- Le regard du pilote opérationnel est un rapport « coût/bénéfice ». Il peut voir la conduite du changement comme un coût supplémentaire en termes de temps et de budget. Ce qui lui fait accepter la conduite du changement et le coût correspondant, s'exprime en termes de « couverture du risque de non-adhésion ». De nombreux livrables du projet sont conditionnés à la participation des bénéficiaires. Une participation active et productive résulte très généralement d'une adhésion. Un des risques des projets est l'engluement caractérisé par de nombreuses réunions sans que les bénéficiaires en retirent quelque chose d'exploitable.

- Le regard du salarié se traduit par une série de questions à caractère collectif ou individuel. Elles touchent à la lisibilité de son fonctionnement quotidien : « Pourquoi change-t-on ? », « Qu'est-ce qui va se passer pour l'entreprise et pour moi ? », « Que vais-je devenir ? », « Que vais-je devoir faire, où et avec qui ? ». Sans réponse à toutes ces questions, le salarié sera sur la défensive.

La conduite du changement aura donc en charge de rapprocher ces regards, ces logiques. Il lui faudra d'abord créer une lisibilité du projet, pour apporter les éléments de réponses qui conditionnent l'adhésion des salariés. Les outils Litchi, comme la cartographie des acteurs, sont des moyens pour déterminer les attentes des salariés par typologie. Les actions ciblées de communication, de formation et d'accompagnement seront ensuite menées en relation étroite avec ces attentes spécifiques. Des actions seront formalisées pour ces trois cibles, et les livrables intégreront cette dimension adhésion des bénéficiaires. Litchi a intégré cette vision de l'adhésion dans les projets.

« Favoriser l'adhésion au changement » a fait l'objet de débats en interne.

Nous avons constaté, les mois passant, que cette formulation s'installait. Elle suscitait moins d'interrogations sur sa faisabilité. Cette nouvelle formulation du rôle de la conduite du changement s'est imposée peu à peu, contribuant à nos yeux à la réussite du dispositif.

L'univers Litchi

Créer le « package » concret du dispositif

Ce fut l'étape suivante. La diffusion d'un nouveau dispositif de gestion du changement passe, bien sûr, par sa communication auprès des intéressés. Dans une logique marketing, des cibles sont définies (les chefs de projet, les responsables RH, les managers). Un argumentaire leur est proposé en fonction de leurs besoins. Un des éléments forts de la communication pour créer une première attractivité réside dans le nom. Il va donner et porter une image du projet. La question, à ce stade du projet, consistait à lui trouver un nom qui soit facilement retenu. Le nom initial « Dispositif de professionnalisation à la conduite du changement » avait le mérite de la lisibilité mais non celui de l'attractivité avec, à la clé, cette nouvelle question : « Comment promouvoir ce dispositif à l'interne ? »

L'objectif était de trouver un nom, et dans la foulée, une « ligne graphique » pour créer un univers sémantique et visuel du projet. Nous avons fait plusieurs séances de brainstorming. Les noms proposés, dans un premier temps, ont été les suivants :

- « Cap Changement », pour donner l'image de la destination et du dynamisme.
- « Change Way », pour insister sur la notion de conduite du changement.

Aucun de ces noms n'a vraiment fait l'unanimité. Le premier, ou du moins le mot « Cap », avait été employé de nombreuses fois. Il n'avait plus d'effet de surprise ni de sympathie. La formulation anglo-saxonne du second, l'excluait de l'univers sémantique habituellement utilisé. Puis, un jeu par association d'idées fit ressortir les notions de convivialité, écoute et dynamisme. Les couleurs préférées furent parme et fuchsia. Litchi était né. D'abord comme une image, celle d'un fruit, ensuite sous la forme d'un acronyme.

Litchi est, en effet, l'acronyme de « Les Instruments et Techniques du CHangement Interne ». Ce nom n'a pas immédiatement convaincu, certains y voyant une rupture avec la culture industrielle. Nous avons alors testé le nom auprès d'un groupe plus large. Les résultats ont montré une réelle empathie pour ce nom.

Captatio benevolentiae[1]

Litchi est devenu, au fil des mois, la marque de fabrique de la conduite du changement. *A priori* iconoclaste, ce choix a permis de capter l'attention sur un dispositif non directement prescrit par la hiérarchie. À côté de Litchi, un univers graphique fut réalisé. Litchi se voulait « dynamique, apaisant » pour symboliser la notion de conduite du changement. Une plaquette et un kit de communication sont venues compléter « l'univers » Litchi.

---

1. « Capter la bienveillance » pour attirer l'attention.

litchi
Les instruments & techniques
du changement interne
ACCOMPAGNER LE CHANGEMENT

Accompagner
vos projets

Professionnaliser
vos collaborateurs

Participer
à la transformation
de l'entreprise

Managers,
chefs de projet,
responsables
conduite du changement,
responsables ressources humaines,

Pour piloter le changement
dans votre organisation, des outils
et des ressources sont mis à votre disposition
par la Direction Management et Organisation (DMO).

Outil fort de la promotion, la plaquette (format A5, 4 pages) de présentation a été réalisée et distribuée largement aux différents publics concernés. Une version téléchargeable était aussi disponible sur l'intranet « Conduite du changement ».

Des messages simples et pragmatiques ont accompagné le déploiement. Deux accroches « Accompagner vos projets », « Professionnaliser vos collaborateurs » sous-tendaient le message principal de la plaquette ou des « slides » : « Managers, chefs de projet, responsables RH : pour piloter le changement dans votre organisation, des outils et des ressources sont mis à votre disposition par la direction Management et Organisation ».

Le dispositif une fois packagé, la promotion a été réalisée dans les médias internes de niveau « corporate » (intranet, magazine et lettres internes, …). Pour renforcer cette promotion interne, le « package » a été présenté lors des rencontres avec les principaux « Codir » opérationnels et fonctionnels (*cf.* chapitre 2, le paragraphe « Son déploiement : le "lobbying" de sa diffusion »).

Adopter un univers original

Litchi a atteint une bonne visibilité en peu de temps. Au bout de quelques mois, des clients internes l'exprimaient de cette façon : « Je fais Litchi sur ce projet ». Métonymie traditionnelle, confondant signifiant et signifié, le « nom » avait pris le pas sur le dispositif. Deux ans après son déploiement, Litchi est largement connu dans l'entreprise.

La posture de communication s'est toutefois voulue simple, pour répondre aux objectifs opérationnels fixés au dispositif : une fonction de la tête de groupe, en support des directions opérationnelles dans l'accompagnement de leur changement.

« Litchi » est aujourd'hui déposé par EDF.

Bien souvent, les nouveaux outils de gestion sont annoncés à grands coups de clairon. Les lendemains qui chantent se transforment parfois en impasses. L'objectif d'un nouvel outil de gestion est de trouver une place et de se positionner ; sans pour autant apparaître comme « la » solution, faisant table rase de ce qui existe. Nous avons privilégié un marketing fondé sur les expériences de Litchi et non sur le modèle lui-même, privilégiant la reconnaissance par la pratique. Cette stratégie des « petits pas » a renforcé progressivement la notoriété de Litchi.

Fin 2005, le fonds de ressources Litchi, c'est-à-dire l'ensemble des supports de formation, le site intranet, la plaquette, le kit de communication et les outils opérationnels pour faire de la formation-action étaient en place.

Nous avons pu démarrer une seconde phase de lobbying, important travail pour faire connaître le dispositif Litchi : le faire adopter dans les projets de l'entreprise sans pour autant le rendre obligatoire.

Personnaliser l'offre Litchi à chaque projet

Après le premier projet, le dispositif Litchi est passé du stade de prototype à celui de prestations sur le marché des outils de gestion du changement. Nous avons, alors, assisté à une prise de position par les différents acteurs vis-à-vis du dispositif. Les différents comportements observés à l'occasion de cette phase ont été les suivants :

• demande d'explications sur certains points de la méthode, et plus particulièrement sur les modalités de déploiement de celle-ci ;

• des critiques sur la méthode, qui ont oscillé dans le temps et en fonction des personnes : « trop conceptuel » ou « trop outil » ;

• des rapprochements avec des approches déjà menées en conduite du changement.

Litchi était devenu visible, et par son premier projet, avait démontré sa faisabilité. Toutes ces remarques nous ont donné le moyen de faire évoluer le modèle de base et ses modalités de déploiement.

Un premier groupe de remarques était en relation avec le contenu même de la méthode. La DMO y a répondu en faisant évoluer celle-ci. Les premières approches privilégiaient les leviers d'action et de cadrage par rapport au pilotage. L'expérience du premier projet et les remarques ont montré la faiblesse à ses débuts du modèle sur l'aspect pilotage : le suivi du changement et le suivi des risques. Nous avons alors intégré dans un livrable un outil appelé « tableau de bord du changement », et un outil nommé « tableau de bord des risques ». Le tableau de bord du changement a été construit autour d'indicateurs qui évaluent le niveau d'information, de compréhension et d'adhésion des principales cibles d'un projet. L'analyse des risques a consisté à proposer une démarche classique de détection des risques en termes d'occurrence et de gravité. Le modèle initial a ainsi évolué en donnant à la dimension pilotage une part toute aussi importante que le cadrage et les leviers d'actions.

Un second groupe de remarques traitait du caractère trop standard du dispositif Litchi et de sa capacité à s'adapter aux spécificités de chaque projet. En réponse à ce dernier point, la DMO a systématisé une réponse individualisée du déploiement Litchi sur un projet. Chaque proposition de déploiement Litchi intégrait un schéma qui déclinait le modèle général en fonction des besoins du projet.

Tous les livrables du dispositif n'ont jamais été déployés dans leur intégralité. Certains voyaient Litchi comme une mécanique lourde à mettre en place, tandis que celui-ci était davantage un catalogue d'outils.

Un chef de projet témoigne :

« Sur ce projet, on apprend en marchant. En fait, mon projet a débuté avant le lancement du programme Litchi et un certain nombre d'actions de conduite du changement étaient déjà en cours. Mais ce léger décalage est bénéfique car il permet de bien intégrer la méthodologie au regard de nos connaissances terrain. La formalisation de la méthodologie permet de ne pas oublier d'étapes importantes et donc de mieux maîtriser les risques du projet.

Les journées de formation/action permettent de s'approprier une méthodologie approfondie, opérationnelle et applicable à d'autres projets. Selon le projet, sa nature et sa taille, un certain nombre d'étapes et de livrables sont préconisés, permettant de s'investir plus ou moins. Je fais un lien immédiat avec mes problématiques de chef de projet : réaliser un dossier de cadrage en amont pour délimiter le périmètre du changement, faire une analyse d'impacts, communiquer, … En parallèle, ce sont autant d'éléments guidant mes pratiques managériales quotidiennes.

Je suis le programme Litchi avec deux objectifs en tête. Le premier est immédiat et concerne l'application de la méthode et des outils au projet. Sur ce point, nous travaillons avec mon équipe projet régionale constituée d'opérationnels dans une logique de coconstruction, en élaborant ensemble les livrables de conduite du changement. Le second objectif consiste à réutiliser les compétences acquises sur d'autres projets. Dans cette optique, je transfère au fur et à mesure à ma correspondante RH. »

L'évolution du dispositif et la communication de son évolution ont permis de hisser Litchi dans l'environnement des outils de gestion du changement.

Le pilote opérationnel d'un projet SI atteste

« Cette démarche a été très appréciée par les agents interrogés, parler du projet leur a permis de le démystifier. Les agents ont identifié les problèmes et ont proposé des actions correctives. Au niveau du pilotage du projet, les résultats de cette étude ont montré la diversité des préoccupations, permis d'identifier des différences de pratiques entre les centres et de mesurer l'écart entre les pratiques actuelles et celles proposées dans la cible. Nous avons identifié plusieurs axes de travail pour préparer la mise en œuvre du projet : un besoin de clarification par le management sur des évolutions en cours, l'intérêt d'harmoniser certaines méthodes de travail, des dispositions à prévoir pour accompagner les agents lors du basculement, la nécessité de revisiter des procédures qualité avec l'arrivée de ce nouvel outil.

☞

Cette étude va servir à piloter la suite, c'est-à-dire à construire le plan d'accompagnement, la formation et la communication en fonction des points identifiés. Ce travail nous a aussi permis d'attirer l'attention de l'équipe nationale afin de revoir certaines procédures proposées, notamment dans le domaine des ventes.

En conclusion, même si l'investissement en temps est assez conséquent, les études d'impacts ont permis d'engager avec les futurs utilisateurs un dialogue constructif et de mieux préparer l'échéance du projet. »

LA CAPITALISATION ET LE PARTAGE

À la fin de l'année 2006, le dispositif avait « fait ses preuves » et pouvait s'appliquer aux grands projets de transformation. Cette dernière phase s'est matérialisée par trois étapes :

1. Litchi a été positionné comme le lot conduite du changement de grands projets, et non pas seulement des projets de système d'information.

2. Ces projets ont rendu possible la mise en réseau des premiers experts Litchi. La DMO a organisé l'échange des bonnes pratiques et, en même temps, fédéré un réseau Litchi par des réunions trimestrielles. Un statut de « Partenaire Litchi » a été créé pour ceux qui avaient été formés à la conduite du changement avec Litchi ou dans un autre contexte, et avaient mis en œuvre cette formation.

3. Fin 2007, l'entreprise est dotée d'un groupe d'experts internes de conduite du changement, pouvant devenir à leur tour coachs-Litchi internes. Parmi la trentaine d'experts concernés, certains ont, en effet, acquis l'autonomie suffisante pour, à leur tour, diffuser la compétence conduite du changement.

Ces deux années d'évolution ont permis au modèle Litchi de gagner en maturité et, au fil des projets, de développer la capitalisation et la mutualisation, axes forts du dispositif.

Capitaliser

La capitalisation s'est effectuée à plusieurs niveaux de l'organisation.

Au niveau des compétences des salariés

Le premier niveau concerne les compétences des salariés. Litchi a participé à vingt projets en deux ans et ainsi professionnalisé environ 600 personnes (managers, chefs de projet, RH pour l'essentiel) à la conduite du changement. Une dizaine de sessions de formation/ information ont permis de diffuser la notion de conduite du changement auprès d'environ 150 personnes supplémentaires. En prenant un multiple relationnel de 20 (une personne échange en moyenne avec vingt autres personnes, régulièrement), ce sont potentiellement 15 000 personnes qui ont entendu parler de Litchi. Un point critique : trois à quatre retours d'expérience Litchi montraient cependant le risque de « dilution » des compétences acquises, en fin de projet. Nous y avons en partie répondu en créant un « Livret Partenaires », outil de capitalisation des compétences et de mise en relation. Nous y reviendrons dans la partie suivante consacrée au réseau Litchi.

Au niveau des méthodes et des outils de gestion du changement

Nous avons construit un référentiel conduite du changement à partir des trois types de prestations internes :

- des séminaires de formation/sensibilisation à la conduite du changement de deux heures à trois jours ;
- des dispositifs de professionnalisation qui forment des groupes (5 à 50 personnes) à la production de la conduite du changement ;
- des cadrages amont qui consistent à écrire avec les responsables du projet la feuille de route conduite du changement.

Tous ces éléments, construits par itération à partir du pilote et améliorés avec les vingt projets sur lesquels Litchi a été utilisé, constituent une base méthodologique.

Au niveau des directions et des unités

Des décideurs ont vu, dans la notion de changement, une opportunité de communication managériale et de motivation des équipes. Le changement est devenu un langage managérial : montrer la volonté des hiérarchies de faire évoluer les situations et de se mettre dans une dynamique favorisant l'écoute du terrain. Litchi est un fonds de ressources mobilisable par les unités et directions. Les séminaires, les exemples de déploiement sur des projets et les outils accessibles sur le site conduite du changement ont rendu effective une capitalisation dans la culture managériale des différentes structures.

La capitalisation s'est opérée à tous les niveaux. L'exemple suivant montre comment la compétence conduite du changement s'est progressivement diffusée aux managers, à l'échelle d'une région.

La conduite du changement est-elle une affaire d'experts ou de managers ? Si la question continue à faire débat entre les spécialistes, pour la directrice de cette unité opérationnelle « *nous sommes tous concernés par la conduite du changement car il s'agit, à mes yeux, d'un état d'esprit managérial* ». Sous son impulsion, cette entité a réussi, en moins d'un an, à diffuser les outils et pratiques de la conduite du changement.

Le cas Litchi : capitalisation des compétences conduite du changement dans une unité opérationnelle

La directrice de cette unité opérationnelle est convaincue que les multiples changements (introduction de nouveaux outils SI, réorganisation, refonte des processus commerciaux, …) qui affectent les salariés devront se faire, pour réussir, dans un « climat serein ». Le manager est affirmé dans son rôle d'interlocuteur privilégié des salariés et ses missions sont précisées. Il délivre l'information sur le sens du changement, il écoute les salariés et les accompagne. Une stratégie participative du changement s'esquisse au niveau régional : « Ça va de plus en plus vite, les managers doivent aider les salariés à être acteurs de ce changement, en les écoutant et en reconnaissant les efforts qu'ils ont dû faire pour évoluer. »

De nombreux sites se lancent alors dans des « Journées du Changement », pour informer sur les différents changements en cours.

En parallèle, l'unité expérimente la méthodologie Litchi à l'occasion d'un projet national. Une experte RH est nommée chef de projet, à l'instar des autres régions qui se dotent également d'un relais. Cette personne est intégrée dans la formation nationale (trois jours de contenus théoriques et méthodologiques sur la conduite du changement, une animation nationale en réseau et un coaching-accompagnement individuel).

☞

Un laboratoire du national pour la conduite du changement

Trois mois après, un deuxième projet national utilisant Litchi est lancé. Pour le déploiement, ce projet va capitaliser sur les acquis en s'appuyant sur le réseau des chefs de projet déjà constitué pour le premier projet. La directrice de l'unité est désignée responsable du lot conduite du changement pour le niveau national, appuyée par l'expert. L'objectif assigné à cette unité opérationnelle par le niveau national, est d'expérimenter chaque outil de la méthodologie Litchi avant tout déploiement national. Chaque livrable sera testé, ajusté si besoin aux problématiques locales, avant d'être délivré au national. Cette unité a ainsi joué un rôle de laboratoire pour le niveau national, en produisant et testant en même temps les livrables du projet. Certains outils ont été adaptés, d'autres abandonnés. Par exemple, la cartographie des acteurs qui autorise le repérage des populations concernées par le changement a été simplifiée, certains outils comme l'animation des ateliers « qui nécessite de s'entourer de précautions » ont été laissés à l'appréciation de chaque région.

À nouveau, les managers de première ligne locaux sont associés à la démarche. Peu à peu, ils s'approprient la méthodologie, élaborent « un langage commun, qui devient facilitateur dans l'action ». Ainsi, progressivement, ils vont utiliser ces acquis pour leurs problématiques locales. En parallèle, ils sont formés à la méthodologie. Le chef de projet résume ainsi cette phase d'appropriation par les managers : « Les outils sont "naturels" et permettent une adaptation rapide à d'autres problématiques. Les managers sont parties prenantes du réseau. Le réflexe est établi dans l'entité : "Est-ce qu'on peut utiliser la méthode et comment ?" »

Un expert, appui méthodologique des managers de première ligne

Impulsée par le national, cette dynamique s'est poursuivie au niveau local puis amplifiée avec la pérennisation de l'expert chargé d'accompagner les changements locaux. Cet expert appuie les managers locaux dans l'accompagnement de leur changement : la réorganisation d'une activité commerciale, une modification de pratique dans le métier, l'introduction d'un nouveau SI, …

☞

☞

Comme les coachs-Litchi ont transféré leur savoir-faire auprès de l'unité opérationnelle, à son tour, elle transfère son expertise auprès des managers de première ligne.

Les facteurs clés de succès

- Une conviction managériale.

- Des managers formés.

- L'identification et la pérennisation d'une compétence conduite du changement et RH.

- L'adaptation pragmatique de la méthodologie aux besoins. Cette adaptation, par les opérationnels, est la clé de la réussite de cette démarche. Elle a permis de créer une culture, un langage et des réflexes communs, accélérateurs de performance. C'est une démarche pragmatique, où l'on conçoit et ajuste l'outil dans l'action, selon les résultats obtenus. La lecture de la cartographie des acteurs est-elle trop compliquée ? On l'adapte dans la foulée, on simplifie le questionnaire, on limite le nombre de populations à suivre.

- L'innovation avec le droit à l'erreur : « Faisons, et si on s'est trompé, on peut revenir en arrière ».

Après s'être forgé une expérience sur quelques projets, le dispositif Litchi est entré dans une phase de systématisation. Il a été déployé dans plusieurs entités du groupe. Il bénéficie d'un réseau de personnes formées et d'experts pouvant désormais jouer le rôle de coachs-Litchi internes. Cela a eu pour conséquence de diffuser la notion de conduite du changement pour la faire passer du statut « de gadget de communication » à celui d'un lot structuré pour l'adhésion des bénéficiaires d'un projet. Cette systématisation s'est matérialisée par la stabilisation des éléments suivants :

- une offre en termes de référentiel mise à jour tous les six mois ;

- un site intranet porteur de l'offre maintenue ;

- des déploiements Litchi adaptés à chaque projet ;

- des retours d'expérience systématiques, partagés sur le site et en réunion de réseau Litchi ;

- des réunions de réseau tous les trimestres.

Sur l'année 2007, douze projets ont spontanément utilisé le dispositif.

Les outils de pilotage

Un des outils de gestion du dispositif a été le tableau de bord. Il est construit en deux parties. Chaque projet sur lequel le dispositif Litchi était déployé, était analysé d'un point de vue tactique et stratégique :

- le point de vue tactique consiste à définir les actions Litchi sur un projet ;
- le volet stratégique vise à évaluer le résultat du dispositif Litchi sur le projet.

Exemple de tableau de bord

Tableau de bord tactique des projets LITCHI	
Entreprise	
Client	Direction
	Entité
Contact	
	Nom
Projet	Etat
	Fin prévue
	Responsable
	Intervenants
	Durée
	Nature du changement
Dispositif Litchi	
Acteurs formés	Litchi
	Autres coachés
Formations	Avancement
	Dates
Coaching collectif	Avancement
	Dates
Coaching individuel	Avancement
	Dates
Support	Points téléphonique, COPIL, réunions
Livrables produits	cadrage
	socio
	impacts
	plan de transition
	plan de com
	plan de formation
	pilotage
	transformation
	Autres

L'ensemble des données recueillies dans ces tableaux alimentent un tableau de bord global sur les points suivants. Ces éléments donnent une vue globale sur le déploiement du dispositif Litchi. Ils orientent ainsi les actions pour faire évoluer le déploiement afin qu'il réponde au mieux aux attentes des bénéficiaires.

Tableau de bord Litchi

Gestion des projets	
Nombre de projets	
Nombre de projets en cours	
Nombre de projets terminés	
Nombre de projets à venir	
Gestion du site – Conduite du changement	
Nombre de visites sur le site	
Pages les plus visitées	
Gestion des bénéficiaires	
Nombre de personnes formées	
Nombre de « Partenaires Litchi »	
Nombre de coachs internes	
Gestion des outils Litchi	
Nombre de livrables moyen déployés	
Livrables les plus utilisés	

Mutualiser

Litchi, c'est comme une carte ou un atlas. Il contient de nombreuses représentations de la conduite de changement. Il donne le moyen, aux uns et aux autres, de s'orienter dans ce domaine.

Cependant, les itinéraires sont propres à chaque utilisateur et répondent à des besoins spécifiques. Une des options fortes de Litchi a été de donner la priorité aux retours d'expérience dans une logique de partage de bonnes pratiques. Cela s'est matérialisé à différents niveaux et par des actions distinctes.

Réaliser un retour d'expérience systématique pour les projets

Une des premières actions de mutualisation a été de formaliser un retour d'expérience systématique pour les projets et de le diffuser sur le site intranet. Environ une quinzaine de retours d'expérience ont été publiés sur le site. Certains sont mentionnés dans les pages qui suivent pour illustrer cette notion de mutualisation et pour donner des exemples concrets de la réalisation de Litchi.

Créer un réseau d'experts

Une deuxième action de mutualisation a été la création d'un réseau d'experts, qui a été le moyen de compléter les retours d'expérience par des échanges entre les utilisateurs de Litchi. La DMO a organisé des rencontres trimestrielles pour un échange des pratiques et entre personnes qui exercent les mêmes fonctions. Ce point est très largement développé dans la troisième partie de ce chapitre.

Témoigner par un livre

La troisième action de mutualisation est ce livre : *une innovation en conduite du changement : le projet Litchi à EDF.* Nous avons souhaité témoigner, au travers de cet ouvrage, sur l'histoire du dispositif pour en faire un exemple de diffusion d'un outil de gestion du changement. Nous voulions également par ce témoignage aller plus loin dans la compréhension des mécanismes de construction et de diffusion d'une pratique de gestion. En fait, nous nous appliquons le principe du retour d'expérience à nous-mêmes pour que cela serve au plus grand nombre de personnes dans l'entreprise.

Quatre exemples d'utilisation de Litchi

Cas n° 1 : l'histoire de Litchi à la direction Commerce

Le premier projet sur lequel le dispositif Litchi a été déployé était un projet d'organisation des portefeuilles clients (*cf.* chapitre 2 : « Le premier projet avec Litchi »).

Un manager a la parole

« Notre entité doit s'adapter de manière continue, réactive et performante aux exigences du marché. Ceci implique des évolutions des métiers, de fonctionnement ou de l'organisation qui ne peuvent être réussies qu'avec un engagement de tous les acteurs concernés. Dès 2006, nous avons décidé d'intégrer la conduite du changement à chacun des projets d'envergure en s'appuyant sur le dispositif Litchi. »

Au cours de ce projet, une vingtaine de personnes ont été formées à la conduite du changement. Ces vingt personnes ont suivi un programme de formation de six jours. Parmi elles, une dizaine d'experts ont été nommés pour relayer la conduite du changement en région. Pendant environ six mois, ils ont produit, avec l'aide des coachs-Litchi, les principaux livrables. Ils ont réalisé la conduite du changement pour un projet qui a tenu ses objectifs et son planning. Ces experts Litchi étaient principalement des personnes qui étaient membres des équipes projet ou de la fonction RH. À l'occasion de cette première expérimentation, le modèle Litchi a évolué à la demande des responsables du projet. Après trois mois de déploiement, les responsables du projet ont souhaité un pilotage plus poussé de l'action conduite du changement. Ils ont voulu mesurer les résultats sur le niveau d'adhésion des utilisateurs. C'est pourquoi, nous avons créé les baromètres du changement. Ils permettent, par des questionnaires, de sonder des échantillons représentatifs des utilisateurs, pour apprécier leur niveau d'information, de compréhension et d'adhésion. Dans le cadre de ce projet, un questionnaire a été adressé tous les trois mois pour apprécier la participation des salariés concernés. Ces baromètres ont été utilisés dans les revues de pilotage du projet. Cette notion de pilotage a mis en avant que, non seulement, la conduite du changement était un facilitateur des projets, mais également, qu'elle était un moyen de couvrir un risque de faible adhésion.

Un réseau qui a fait ses preuves

« La création d'un réseau conduite du changement a permis de développer des compétences internes, capitaliser et partager les expériences. Il s'élargit peu à peu à d'autres acteurs que les RH, les managers en particulier. Ainsi, nous avons été en mesure de diffuser la culture conduite du changement au sein de la division, de décliner de manière pragmatique la méthodologie Litchi, en l'adaptant aux besoins du terrain. Aujourd'hui, tous ces acteurs partagent une culture, un langage et des réflexes communs qu'ils peuvent adapter à des contextes différents. »

Ce premier projet a doté cette division d'un réseau d'une vingtaine de personnes professionnalisées à la conduite du changement. Avec le souci de valoriser au mieux cette expérience, cette division a souhaité généraliser la conduite du changement à tous les projets. Elle a demandé aux responsables de projets d'utiliser le référentiel Litchi et de mobiliser les personnes formées, ou de procéder à la professionnalisation d'autres salariés. Se sont succédé trois autres projets, qui ont mobilisé le réseau des experts Litchi. Ces trois autres projets ont réutilisé et ancré les compétences conduite du changement. Début 2007, un projet organisationnel a confié la responsabilité du lot conduite du changement à une personne formée sur le premier projet, et remobilisé les autres. Litchi est alors devenu un langage avec son modèle et ses outils. Certains livrables, comme le diagnostic socio-organisationnel, ont pu être repris d'un projet à l'autre car les environnements cibles étaient les mêmes. Cette réutilisation fut source de gain de temps. Les managers ont aussi été sensibilisés à la conduite du changement. Point intéressant, un ou deux outils ont été isolés de la méthodologie pour répondre à des besoins ponctuels ; par exemple, faire des diagnostics de perception ou encore réaliser une médiation à l'intérieur d'un service. Cette utilisation « hors cadre d'origine » du dispositif Litchi est un signe d'autonomie de ce dernier. Certains de ces experts ont intégré le réseau Litchi.

Cas n° 2 : l'accompagnement du changement dans un projet informatique

Une entité a mis en place différents modules d'un progiciel de gestion sur une population importante. Le projet a constitué un réseau d'équipes opérationnelles en charge de la conduite du changement dans les différentes unités concernées. Compte tenu du fort avancement du projet, la professionnalisation a été centrée sur une formation présentielle de trois jours et la coproduction des analyses d'impacts en région. Le dispositif retenu comportait trois séances de formations présentielles d'une journée chacune :

- une journée consacrée à la méthodologie, à la présentation des livrables et au pilotage par les résultats et les risques,
- une journée consacrée aux analyses d'impacts,
- une journée consacrée à la communication et à la formation,

ainsi qu'un accompagnement de chacune des régions pour coproduire les analyses d'impacts.

Les aspects théoriques de l'étude d'impacts avaient été abordés lors d'une journée de formation nationale, puis l'outil a été réalisé en région, par l'équipe projet et avec l'appui d'un coach-Litchi : « *Dans notre région, nous avons commencé par construire ensemble – l'équipe projet et des experts – le questionnaire de cette étude. Ensuite, nous avons travaillé sur les techniques d'animation, puisque ce questionnaire est administré en réunion. Avant tout, il fallait être capable d'expliquer le sens de cette démarche aux salariés interrogés, c'est un point important.* »

Cet outil a été aussi un moyen d'engager le dialogue entre les principaux acteurs régionaux du projet avec, en point de sortie, un livrable identifiant les risques de blocages et des actions concrètes pour y répondre. Au niveau du pilotage du projet, les résultats de cette étude ont montré la diversité des préoccupations, permis d'identifier des différences de pratiques entre centres, et de mesurer l'écart entre les pratiques actuelles et celles proposées dans la cible.

Ces résultats ont permis d'alerter l'équipe nationale sur certaines procédures.

Le coaching-Litchi, aide personnalisée, est apparu bien adapté aux besoins des régions.

Cas n° 3 : l'accompagnement du changement dans un projet organisationnel

Une direction a pris la décision de créer une division pour une catégorie de clients. Ce projet a concerné 500 personnes et s'est traduit concrètement par la mise en place d'une nouvelle organisation et de nouveaux modes de fonctionnement (transfert des équipes vers la nouvelle direction, nouveau SI).

S'appuyer sur le réseau du changement formé lors d'un précédent projet

Pour le déploiement, le projet s'est appuyé sur des experts formés lors d'un précédent projet : huit de ces personnes formées à la conduite du changement ont été nommées interlocuteurs régionaux du projet. Ce groupe d'experts a été enrichi de représentants de l'entité rejoignant la nouvelle division.

La partie formation du dispositif a donc été réduite au profit du tutorat et du coaching-Litchi collectif (réunions entre acteurs régionaux et nationaux).

Le pilotage de la conduite du changement a été géré par des équipes internes, de la façon suivante :

- Le pilotage national de la conduite du changement a été pris en charge par une région, déjà utilisatrice de Litchi. Dans cette région, les acteurs ont mis en œuvre les outils Litchi à plusieurs reprises (réorganisation locale, projet RH, projet national). Une compétence locale en conduite du changement a été identifiée puis pérennisée, sous la responsabilité du RH de l'unité.

Expérimenter les outils de la conduite du changement dans une région avant de généraliser

- Principe d'action sur ce projet, les outils de la méthodologie ont été testés, adaptés, lors des différentes phases (entretiens, ateliers, …) dans la région pilote, avant d'être dupliqués dans les autres régions. Cette démarche a été menée en synergie entre l'équipe conduite du changement, le groupe Projet Régional et avec l'appui des managers locaux. L'implication de tous ces acteurs a été un des facteurs clés de succès de la démarche dans cette région.

- Les outils démultipliés dans chacune des huit régions furent le diagnostic socioculturel et l'analyse d'impacts. Une lettre d'information nationale et un baromètre du changement ont aussi été produits.

- Pour ce projet, où les aspects culturels sont forts, des ateliers ont été réalisés afin de favoriser le dialogue, faire émerger une vision commune et surtout apporter des réponses concrètes : « À la fin des ateliers, les réticences étaient levées en grande partie : c'était convergent entre les publics, avec des propositions d'actions concrètes. On s'est rendu compte que nous sommes un réel segment avec une vraie culture métier commune ».

Le point fort : créer des réflexes communs, accélérateurs de performance

- L'adaptation de la méthodologie aux besoins du projet est un point fort et une condition de la réussite de cette démarche. Elle permet de créer un langage et des réflexes communs.

- L'identification d'une compétence conduite du changement, en région, est un facteur clé de succès du projet.

Cas n° 4 : l'accompagnement du changement dans un projet stratégique

Une direction a initié, en avril 2006, un projet intitulé « Projet de direction » dont l'objectif est de « remobiliser » l'ensemble du personnel autour d'un projet commun.

Le processus a été initié par le directeur. Le projet a ensuite été construit lors de réunions de travail de l'équipe de direction avec l'appui d'un groupe projet. Un coaching méthodologique des principaux acteurs du projet a été mis en place.

Un séminaire de lancement du projet de changement

Cette démarche a démarré avec la réalisation d'un état des lieux. Ce dernier a été réalisé sous forme d'interviews d'un panel de personnels de la direction. Le but était de connaître la perception et les attentes des différentes catégories de personnel sur ce projet. Les résultats ont été partagés au cours d'un séminaire regroupant l'ensemble du personnel.

Une phase d'ateliers de production du changement

Le projet s'est poursuivi par la création de douze ateliers d'une dizaine de personnes chacun. Ces ateliers étaient chargés de travailler sur les contributions aux axes du projet. Ils ont été pilotés par des « animateurs ». Ceux-ci ont été spécialement formés à la conduite du changement et aux techniques d'animation pendant une demi-journée. Les animateurs étaient représentatifs des différents métiers et catégories des personnels, afin que tous puissent s'exprimer.

Un séminaire de présentation des propositions des ateliers

Ces ateliers ont présenté leurs propositions à l'occasion d'un séminaire qui regroupait de nouveau tout le personnel. À partir d'une synthèse approfondie de ces travaux, l'équipe de direction a présenté les douze missions qu'elle retenait. Chacune des douze missions était pilotée par un membre de l'équipe de direction, chargé, entre autres, d'en suivre l'avancement. Ces différentes étapes ont abouti à l'élaboration des missions, de l'organisation et des modes de fonctionnement.

Un séminaire de validation des propositions des ateliers

Nouvelle étape de partage, un séminaire regroupant l'ensemble du personnel s'est déroulé cinq mois plus tard, pour faire état de l'avancement des travaux : chacun des pilotes a présenté où en était sa mission, sur un stand, donnant la possibilité de débattre.

Un dispositif de communication associé

Deux outils de communication ont été utilisés pour accompagner ce projet : une newsletter (deux numéros) et une lettre interne qui a retracé les étapes et l'état d'esprit de cette démarche.

Maintenir la dynamique managériale sur un modèle participatif

Les points d'amélioration, identifiés au cours du dernier séminaire, procèdent du même processus itératif et participatif, et apparaissent comme des facteurs clés de succès :

- l'alternance des phases de travail « collaboratif » en atelier et des phases de restitution devant l'ensemble des personnels ;
- « l'obligation de résultats », d'actions concrètes au service de chacune des missions ;
- l'implication des personnels, qui deviennent acteurs du changement ;
- une prise de décision par l'équipe de direction ;
- un engagement de l'équipe de direction ;
- une appropriation par l'ensemble des niveaux managériaux pour soutenir le projet.

LA CRÉATION DU RÉSEAU LITCHI, UN RÉSEAU TRANSVERSE GROUPE

Le réseau Litchi s'est constitué avec les acteurs motivés par la mise en commun, au départ informelle, des expériences en conduite du changement. Nous l'avons réuni, pour la première fois, le 11 mai 2006. Lors de cette première réunion, en introduction, pour illustrer l'intérêt de fonctionner en réseau et en faire la pédagogie, plutôt que de donner les trois premiers arguments qui viennent à l'esprit, une histoire leur a été racontée. C'est celle de la mésange et du rouge-gorge[1]. Elle est décrite dans l'encadré qui suit.

La mésange et le rouge-gorge

« Il est une tradition encore bien vivace en Angleterre : livrer le lait sur le seuil des maisons.

Attention, ce lait est entier, savoureux, bien crémeux. Au début du siècle dernier, il était livré dans des bouteilles non fermées. Les mésanges et les rouges-gorges venaient se délecter de la crème apparue à la surface. Dans les années 1930, par souci d'hygiène, les bouteilles furent scellées. Vingt ans plus tard, toutes les mésanges d'Angleterre avaient appris à percer l'opercule recouvrant les bouteilles. Les rouges-gorges, eux, ne savent toujours pas le faire.

Pourtant le rouge-gorge a une capacité du cerveau tout aussi développée que celle de la mésange.

Alors, pourquoi ?

Les mésanges vivent en bandes. Qui plus est, ces bandes sont ouvertes et fluctuent. Mésanges bleues et mésanges charbonnières se côtoient sans problème. Les mésanges voyagent et ont un système social qui favorise le partage d'information.

Le rouge-gorge, au contraire, est territorial, individualiste. S'il accompagne de façon sympathique le jardinier, gare au congénère qui oserait s'aventurer "chez lui". La communication avec le rouge-gorge voisin est quasiment inexistante.

Les oiseaux non territoriaux apprennent plus vite… »

---

1. Métaphore rapportée dans la revue *Centraliens*, n° 558, décembre 2004.

La DMO fédère un ensemble d'acteurs devenus experts à la suite d'une ou plusieurs expériences Litchi. En deux ans et demi, il s'est créé une communauté Litchi. Celle-ci est, en fait, constituée de deux populations. Il y a « les bénéficiaires Litchi », près de 600 personnes qui ont assisté à tout ou partie des formations. Ils en connaissent le contenu. La seconde population, plus expérimentée, est constituée de personnes qui ont suivi la majorité des formations. Elles ont produit des livrables de la méthodologie sur un ou plusieurs projets, à l'aide de coachs-Litchi ou de manière autonome. Cette population, plus réduite, a été estimée à environ trente personnes, et une bonne part s'est inscrite dans une logique de capitalisation personnelle et collective de la compétence conduite du changement.

Les experts Litchi

EDF dispose d'une trentaine d'experts Litchi, suffisamment autonomes pour mettre en œuvre les principaux livrables de la méthodologie. Rattachés à leur direction opérationnelle, ils constituent des ressources pour réaliser la conduite du changement des projets de ces mêmes directions.

Pour être expert Litchi, la personne doit avoir suivi les modules de formation et mis en pratique, sur au moins un projet, voire deux, les principaux livrables de la méthode. Ces experts sont, pour l'essentiel, de profil RH/Communication ou manager. Ils se répartissent, pour moitié, entre les fonctions pérennes que sont les RRH, managers et le mode projet : chef de projet, responsable de la conduite du changement. Ils présentent des profils expérimentés. Ils ont pour la plupart, une expérience en management opérationnel et gestion de projet. Beaucoup ont en commun des qualités d'écoute, d'observation, de reformulation, associées au sens de l'action.

Dires d'experts

« J'ai été manager opérationnel pendant plusieurs années, avant de devenir responsable de l'accompagnement d'un projet. Je faisais de la conduite du changement au quotidien avec mes équipes, je pratiquais déjà le diagnostic, et bien sûr, la communication, la formation, l'accompagnement de proximité. Ce que j'ai découvert avec Litchi, c'est la structuration de ces différentes actions, cela permet de se poser les bonnes questions dès le départ et de formaliser, d'objectiver la situation. Cela permet de gagner du temps sur le projet, puisque tôt ou tard, on est rattrapé par des questions non traitées. »

« Certains outils Litchi m'ont aidé à faire prendre conscience aux autres, managers ou acteurs du projet, des impacts réels du projet. Les acteurs ont pu "voir" les impacts, avec la réalisation de l'analyse d'impacts. Cela nous a permis de relativiser certains aspects ou, au contraire, de convaincre l'équipe projet de mettre en œuvre des actions. »

« Le dispositif Litchi a été intégré à un projet au moment de la mise en œuvre des actions. Des réflexions avaient été conduites, en amont, pour définir la stratégie de conduite du changement (analyse d'impacts, stratégie des alliés, …) du projet. Les documents décrivant ces actions (plan de communication, plan de formation, plan de pilotage) ont été revus à la lumière de la méthode Litchi. La méthode a été utilisée d'un point de vue très opérationnel avec un conseil sur la mise en œuvre des actions, un apport d'outils ainsi que de "trucs et astuces" pour mener à bien le déploiement du projet dans l'entreprise. »

« Quand on est au stade du déploiement d'un projet dans l'entreprise, il est difficile de prendre le temps nécessaire pour intégrer les nouveautés. Néanmoins, le peu de temps dégagé pour réfléchir à ce type de méthode est rapidement valorisé. Cela apporte une prise de recul nécessaire quand on est pris par le quotidien, et permet de relativiser l'importance et l'urgence de certaines situations. Une expérience pour exemple : nous avions prévu de mettre en place des "groupes miroir" de managers afin de les faire réagir "à chaud" sur le projet, et notamment sur la conduite du changement vis-à-vis de la population des managers. Litchi nous a apporté une méthode efficace d'animation de ces groupes miroir, favorisant l'implication des managers présents.

Là où en est le projet, c'est-à-dire tout près du déploiement, c'est ce type d'apports pragmatiques, applicables rapidement, qui est important. Litchi apporte donc à la fois les éléments de réflexion et les techniques de mise en œuvre.

Finalement, cela permet de "reprendre la main" sur les événements, afin de réellement conduire le changement et ne pas se laisser conduire par les changements. »

Dans le cas des experts en fonction pérenne, la conduite du changement est une attribution nouvelle.

Un responsable RH témoigne

« Dans mon métier RH, j'ai toujours considéré important de bien connaître les métiers et les activités des équipes que l'on gère. La méthodologie Litchi m'a permis d'aller plus loin dans cette connaissance, notamment en réalisant l'analyse d'impacts avec les collègues venant des métiers concernés par le changement. En fait, cela m'a permis de mieux comprendre comment fonctionnent les services entre eux, au-delà de l'intérêt immédiat pour le projet. Et puis, on est moins seul car on est dans la coconstruction des outils. »

Ces experts sont animés en réseau par la DMO. Ce réseau s'est construit en deux temps. Premièrement, en utilisant le déploiement du dispositif Litchi dans les projets pour identifier ces acteurs relais. Deuxièmement, en instaurant des réunions de réseau trois fois par an pour favoriser le partage d'expérience entre ces acteurs relais. Au début, les réunions de réseau se tenaient plutôt à un rythme semestriel. Puis, en 2007, elles se sont succédé à un rythme trimestriel, à la demande des participants. Chaque réunion de réseau est organisée de la manière suivante :

- actualité du dispositif Litchi ;
- présentation de projets ou expériences Litchi en cours, échanges.

Le partage et la transversalité supposent de dépasser les frontières des métiers, les territoires des uns et des autres. Nous y sommes parvenus grâce au « noyau dur » du réseau : une poignée de personnes qui se sont formées à l'occasion des premières réunions Litchi. Ces experts ont misé sur l'innovation de la démarche et sa valeur ajoutée opérationnelle. Grâce à eux, progressivement, une dynamique de partage s'est installée. Les participants du réseau ont échangé entre eux, sur des points précis (lettre de mission responsable conduite du changement, recherche d'un appui de proximité, …), partagé des retours d'expérience de projets nationaux, des bonnes pratiques. Des rencontres bilatérales se sont organisées, à leur initiative.

Aujourd'hui, de nouvelles attentes émergent du réseau, notamment sur le développement de groupes de travail thématique.

Pour favoriser le partage entre les praticiens de la conduite du changement, et consolider les acquis en conduite du changement, nous avons créé un outil appelé le livret « Partenaires Litchi ».

Le livret Partenaires Litchi, outil du réseau

Cet outil consiste à tracer les expériences et les formations d'une personne acquises avec le dispositif Litchi ou dans tout autre contexte. Il poursuit plusieurs objectifs. Pour les acteurs formés ou en cours de formation, il permet, par une auto-évaluation, de suivre la progression méthodologique et, si besoin, d'identifier des besoins en formation. Il donne le moyen à la DMO de recenser, et donc de consolider, l'expertise acquise pour éviter le risque de « dilution » en fin de projet. Ce risque avait été pointé par plusieurs retours d'expérience.

De surcroît, le livret est une grille de lecture autorisant l'identification des experts Litchi au regard de leurs réalisations. Cette identification favorise aussi la mise en relation entre les praticiens, à travers l'*Annuaire des experts Conduite du changement*, disponible sur le site « Conduite du changement ».

La première page de ce document donne les objectifs de ce livret :

« Bienvenue,

Les Partenaires Litchi regroupent les compétences conduite du changement de l'entreprise. Qu'elles soient acquises avec ou sans le dispositif Litchi, ces compétences forment une communauté de praticiens, tous partenaires de la conduite du changement à EDF.

Ce livret* a été conçu pour vous accompagner dans la progression des compétences méthodologiques.

- *Acteur en formation dans le dispositif Litchi, il vous permettra de suivre votre évolution dans le dispositif.*

- *Acteur déjà formé, il vous permettra d'auto-évaluer vos compétences et, si besoin, d'identifier des actions de formation.*

Ce livret a aussi pour but de faciliter la mise en relation entre les partenaires de la conduite du changement pour favoriser l'échange et l'entraide. En étant partenaire, vous pourrez être sollicité pour partager votre expérience sur un projet, témoigner d'une bonne pratique ou apporter une aide à un autre participant. Vous pourrez aussi trouver des contacts utiles, pour poser une question ou rechercher une compétence. »

* Ce livret est destiné à être rempli par chaque participant au cours d'une réunion avec un coach-Litchi, une fois par an.

Le détail de la logique et de la structuration de ce document est donné dans le schéma récapitulatif du livret Partenaires Litchi à la page suivante.

Récapitulatif du livret Partenaires Litchi

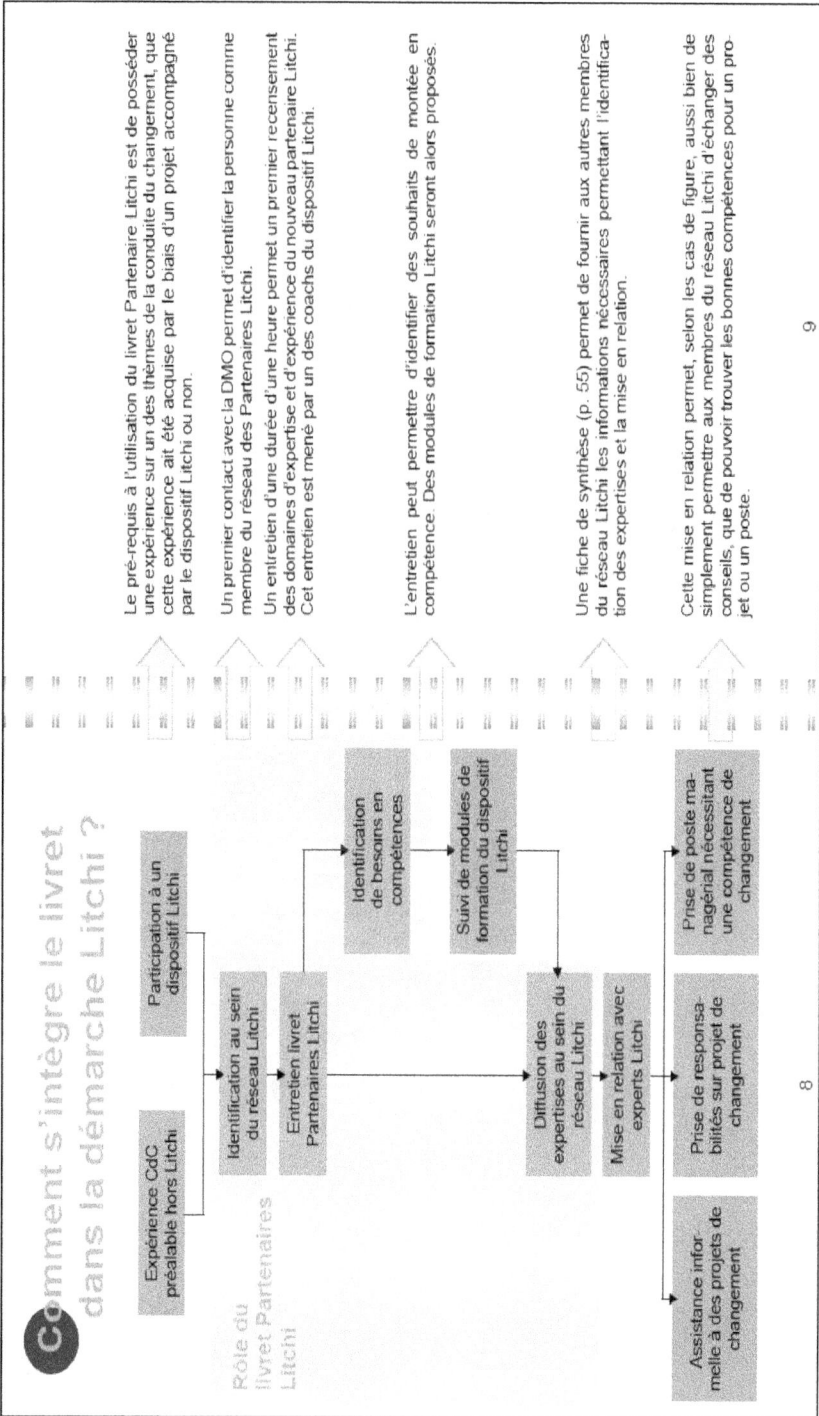

Comment s'intègre le livret dans la démarche Litchi ?

Le pré-requis à l'utilisation du livret Partenaire Litchi est de posséder une expérience sur un des thèmes de la conduite du changement, que cette expérience ait été acquise par le biais d'un projet accompagné par le dispositif Litchi ou non.

Un premier contact avec la DMO permet d'identifier la personne comme membre du réseau des Partenaires Litchi.

Un entretien d'une durée d'une heure permet un premier recensement des domaines d'expertise et d'expérience du nouveau partenaire Litchi. Cet entretien est mené par un des coachs du dispositif Litchi.

L'entretien peut permettre d'identifier des souhaits de montée en compétence. Des modules de formation Litchi seront alors proposés.

Une fiche de synthèse (p. 55) permet de fournir aux autres membres du réseau Litchi les informations nécessaires permettant l'identification des expertises et la mise en relation.

Cette mise en relation permet, selon les cas de figure, aussi bien de simplement permettre aux membres du réseau Litchi d'échanger des conseils, que de pouvoir trouver les bonnes compétences pour un projet ou un poste.

Rôle du livret Partenaires Litchi

Expérience CdC préalable hors Litchi — Participation à un dispositif Litchi — Identification au sein du réseau Litchi — Entretien livret Partenaires Litchi — Identification de besoins en compétences — Suivi de modules de formation du dispositif Litchi — Diffusion des expertises au sein du réseau Litchi — Mise en relation avec experts Litchi — Prise de responsabilités sur projet de changement — Prise de poste managérial nécessitant une compétence de changement — Assistance informelle à des projets de changement

En conclusion, ce livret est un moyen de formaliser des expériences, d'identifier les experts conduite du changement et, à travers ces experts, de repérer les futurs coachs-Litchi internes.

D'experts à coachs-Litchi internes

Il s'agit d'une phase très importante dans le développement de Litchi : poursuivre l'internalisation des compétences en identifiant des coachs-Litchi internes parmi la trentaine d'experts Litchi. Rappelons que l'objectif stratégique, historique, du dispositif, était que la compétence conduite du changement vive et se diffuse par les salariés, qu'elle soit une compétence interne produite et appliquée par les salariés.

Ces coachs-Litchi internes joueront le rôle exercé par les deux enseignants-chercheurs de l'équipe Litchi. Ils seront, à la fois, les garants de la méthodologie et des professionnels en mesure d'appliquer celle-ci, en fonction des besoins et des demandes du terrain. Certains pourront également être formateurs-relais.

Cette phase est en cours de réalisation, avec l'identification de six personnes et l'écriture de leur lettre de mission.

Ci-après, un extrait de la lettre de mission coach-Litchi interne :

Le coach-Litchi est un expert de la conduite du changement. Ce n'est qu'après avoir participé en tant que correspondant Litchi à un ou plusieurs projets, qu'une personne pourra prétendre à cette fonction. Donné par la DMO, le titre de coach-Litchi nécessite une évaluation des compétences.

Le coach-Litchi sera le référent de la direction opérationnelle à laquelle il appartient. Ses missions seront :

- *d'assurer que tous les projets ont un volet conduite du changement ;*
- *de promouvoir le référentiel méthodologique Litchi ;*
- *d'accompagner les personnes en charge de la conduite du changement des projets ;*
- *de réaliser le cadrage conduite du changement des projets.*

Pour réaliser ces missions, le coach-Litchi sera appuyé par la DMO et ses experts, ainsi que par le réseau Litchi.

Conclusion

La phase de maturité du dispositif, et après...

« Le monde est en perpétuel mouvement, le monde ne saurait être fixe et immuable. »

Montaigne

Dans le cadre des échanges de pratiques interentreprises avec l'ANVIE[1], nous avons présenté le dispositif Litchi à des experts de la conduite du changement. De nouveaux thèmes d'interrogation sont apparus. Le référentiel, le modèle et les livrables ont, certes, été salués comme étant importants mais, au-delà des préoccupations actuelles en conduite du changement, le questionnement a plutôt porté sur trois thèmes :

- Le premier thème était celui du retour sur investissement du dispositif, de savoir en quoi le dispositif favorisait la réussite des projets.

- Le deuxième portait sur la particularité du dispositif en réseau. Où se situe la frontière entre les experts conduite du changement et les clients, qu'ils soient managers ou chefs de projet ? Une des questions était formulée de cette façon : « Comment faites-vous

---

1. Créée par de grandes entreprises et de grandes institutions de recherche (CNRS, MSH, EHESS, ...), l'ANVIE (Association Nationale de Valorisation Interdisciplinaire des sciences humaines et sociales auprès des Entreprises) est un organisme de médiation, dont la vocation est de promouvoir les Sciences Humaines et Sociales (SHS) comme une ressource stratégique de l'entreprise pour mieux comprendre les enjeux humains liés à son activité et les évolutions de société.

avec une aussi petite équipe pour couvrir ces besoins en conduite du changement ? ».

- Le troisième thème était de savoir quelle évolution était prévue : comment se présente l'avenir de Litchi.

Le premier point traite des critères d'appréciation du retour sur investissement de Litchi sur les projets. La réponse est à plusieurs niveaux. Si nous reprenons nos trois critères d'origine : les compétences, les résultats et les coûts, nous pouvons aborder un élément de réponse à la question de l'apport de Litchi. Commençons par les résultats.

LES APPORTS DE LITCHI

Apport de Litchi sur les résultats des projets

Sur les vingt projets utilisant Litchi, il n'y a pas eu de conflit ouvert. La plupart des projets se sont déroulés dans les temps. Les actions de cadrage ont permis une prise en compte de la dimension humaine et sociale dans les autres actions des projets. Grâce aux actions de pilotage, les responsables de projet ont pu évaluer les taux d'adhésion, puis prendre les mesures adaptées. Les enquêtes et retours d'expérience ont montré que les chefs de projet Litchi étaient satisfaits. Le contrat initial était rempli. Une corrélation entre des actions d'accompagnement et l'obtention de résultats est toujours difficile, compte tenu du fait que ces derniers sont « multicausaux ». Comment isoler la conduite du changement des autres actions du projet ? Il est toujours très difficile d'attribuer un pourcentage de réussite de l'ensemble d'un projet à telle ou telle action clé. Litchi a toutefois mis en perspective, et en pratique, une nouvelle dimension, une nouvelle façon de faire. Celle-ci a fluidifié un fonctionnement qui a tendance, trop souvent, à se placer dans une logique de « ça passe ou ça casse ».

Apport de Litchi sur les coûts

Sur les vingt projets utilisant Litchi, l'appel à la consultance externe pour la partie conduite du changement a été limitée. Nous avons effectué les calculs en valorisant les coûts des coachs-Litchi, par rapport à ce qu'aurait coûté un appel à la sous-traitance à des consultants externes. Le coût de la conduite du changement a été divisé par près de cinq.

Apport de Litchi aux compétences

Litchi comptabilise environ 600 personnes formées directement à l'occasion de projets, ou lors de sessions de formation dédiées. Sur ces 600 personnes, trente sont devenues des experts de la conduite du changement et six sont en position d'être des coachs-Litchi internes. De plus, le site a été visité par plus de 9 000 personnes en deux ans, et la plaquette distribuée à plus de 1 000 personnes. Avec Litchi, la conduite du changement devient un savoir interne qui se diffuse progressivement.

La diffusion de la compétence a été au cœur du dispositif Litchi depuis son origine, et la DMO a veillé à ce que cela soit présent tout au long du processus. C'est ce fonctionnement de formation-action qui a créé plusieurs niveaux de compétences en conduite du changement. Les bénéficiaires de Litchi peuvent, selon les cas, être simples utilisateurs de la méthode ou producteurs de la conduite du changement pour un projet. Ils ont la perspective de devenir formateurs ou coachs-Litchi. Ce fonctionnement par strates, avec une perméabilité entre celles-ci, a constitué l'ossature opérationnelle de Litchi. La DMO a ici joué un rôle d'interface de cohérence et d'échange.

Le succès obtenu avec une petite équipe s'explique par le fait que Litchi n'a pas piloté les projets : ce sont les opérationnels qui les ont pilotés. Litchi les a aidés, les a formés, les a appuyés sur une partie des projets : les besoins en conduite du changement.

LITCHI, STABILISATION SUR LE MODÈLE INITIAL OU ÉVOLUTION ?

Si après deux ans et vingt projets, Litchi peut être présenté comme un succès, deux évolutions sont possibles : se caler sur le modèle, ou envisager d'autres développements.

Les retours d'expérience des projets, nous l'avons vu, sont positifs. Le modèle Litchi initial conduite du changement, caractérisé par la formation-action autour d'un modèle en trois phases et sept livrables, est maintenant stabilisé. Avec l'objectif de répondre aux besoins de l'entreprise, le dispositif travaille sur les modalités de pérennisation et d'innovation.

Intégrer Litchi dans les pratiques quotidiennes

Dans ce but, la pérennisation, nous pensons important aujourd'hui d'intégrer davantage Litchi dans les pratiques quotidiennes. Prenons un exemple de cette intégration avec la filière RH. Aujourd'hui, un module Litchi a été intégré – testé puis stabilisé – dans la formation interne des futurs responsables RH. En parallèle, des séminaires de formation ont été organisés pour former la population des responsables RH déjà en poste. Il s'agit de les former à la réalisation de certains livrables ou démarches sur un projet. Toujours dans la filière RH, plusieurs responsables de l'accompagnement de projets nationaux partagent des pratiques communes.

« De quoi ont besoin les opérationnels ? »

Déjà au cours de l'année 2007, les besoins des opérationnels et du management ont contribué à ouvrir de nouvelles pistes. Plus que faire évoluer le modèle Litchi, il s'agit d'en diversifier ses formes. Ces demandes vont dans le sens d'une meilleure intégration dans les pratiques quotidiennes :

- La première évolution tend à développer plus encore l'articulation entre Litchi et le management en mode projet.
- La deuxième évolution vise à faire de la conduite du changement, une compétence pour les managers.
- La troisième évolution tient dans l'appropriation et l'utilisation de Litchi pour répondre à des besoins très spécifiques de gestion de la transformation. La structure Litchi est utilisée comme instrument pour évaluer l'écart culturel à l'occasion d'intégration de filiales.

Les trois voies actuelles d'évolution de Litchi

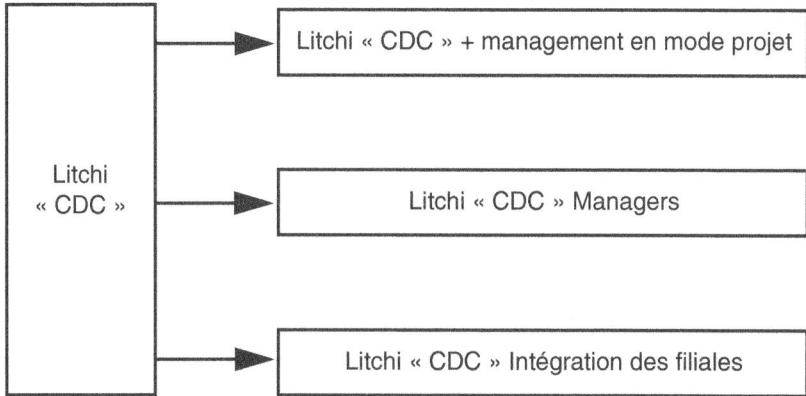

```
┌──────────┐        ┌────────────────────────────────────────────┐
│          │ ─────▶ │  Litchi « CDC » + management en mode projet │
│          │        └────────────────────────────────────────────┘
│  Litchi  │        ┌────────────────────────────────────────────┐
│  « CDC » │ ─────▶ │         Litchi « CDC » Managers            │
│          │        └────────────────────────────────────────────┘
│          │        ┌────────────────────────────────────────────┐
│          │ ─────▶ │  Litchi « CDC » Intégration des filiales    │
└──────────┘        └────────────────────────────────────────────┘
```

CDC : conduite du changement

Litchi et le management en mode projet

EDF dispose d'un référentiel de management par projet. Il détaille les phases et les livrables d'un projet, ainsi que les rôles et compétences des acteurs. Ce référentiel constitue une base importante qui est utilisée pour le management en mode projet. Pour aider les chefs de projet à caler les livrables Litchi avec ceux proposés par le référentiel, nous avons proposé un chaînage qui définit à quels moments du projet les différents livrables Litchi sont préconisés. Dans ce travail de concordance, il a été indiqué ce que les différents acteurs d'un projet devaient connaître en conduite du changement.

Litchi et les managers

À sa création, le dispositif Litchi traitait surtout de la conduite du changement pour les projets. L'expérience Litchi a confirmé qu'un des acteurs majeurs de la réussite d'un changement était le manager de l'entité existante. Pour répondre à ce besoin, la DMO a créé une formation Litchi pour les managers avec, comme cœur de cible, les managers de première ligne. L'objectif est d'outiller les managers dans leurs activités quotidiennes. Cette formation se présente sous la forme d'un module e-learning ou d'un séminaire en présentiel.

Litchi et l'intégration des filiales

La dernière évolution de Litchi est intéressante. En effet, ce sont les acteurs de terrain qui utilisent tout ou partie du référentiel Litchi pour répondre à un besoin qui leur est propre. Certains outils de cadrage, de levier et de pilotage sont mobilisés. Ces outils sont parfois retravaillés dans leur forme pour répondre à un besoin de pilotage de transformation. Par exemple, une direction a utilisé les livrables de diagnostic pour construire un outil destiné à évaluer l'écart socio-managérial lors du rapprochement de deux filiales. Le but a été d'identifier les risques de « collision » culturelle, pour se doter d'un plan d'accompagnement spécifique. Cette dernière évolution nous révèle un potentiel d'utilisation qui n'avait pas été envisagé à l'origine.

Dans une logique d'évolution naturelle, Litchi devient une forme de langage, dont les différents acteurs s'approprient la syntaxe pour écrire leurs propres outils de gestion de la transformation ouvrant à de nouvelles utilisations. Quelles seront-elles ?

En deux ans, Litchi est devenu un outil de gestion de la conduite du changement. Dans un contexte de management où le changement occupe une place majeure, Litchi, référence interne, pourrait devenir un modèle de gestion de la transformation pour le groupe dans sa totalité ; voire plus… D'ores et déjà, bien d'autres pages restent à écrire. La conduite du changement et Litchi, à l'occasion de projets, ont ouvert la porte au management de la transformation.

Le référentiel des compétences conduite du changement

Les tableaux suivants constituent un référentiel de conduite du changement, en donnant pour chaque métier susceptible de faire de la conduite du changement, les missions, les compétences, et les questions pour évaluer le niveau de ces compétences. Ils concernent :

- le commanditaire d'un projet ;
- le pilote stratégique d'un projet ;
- le pilote opérationnel d'un projet ;
- le responsable conduite du changement ;
- le contributeur conduite du changement ;
- le dirigeant (Codir) ;
- le manager opérationnel ;
- le responsable Ressources Humaines ;
- le responsable Communication.

Métier	Commanditaire d'un projet
Mission	Engager le projet et s'assurer que le lot conduite du changement est bien présent dans la transformation Définir les enjeux et les cibles du changement

Compétences testées	Questions associées
Détecter les opportunités de transformation de l'entreprise	**Cadrage amont** 1. Détecter les attentes de l'environnement (opportunités/ menaces : technologie, économie, juridique, social, ...) et diagnostiquer les forces et faiblesses de l'entreprise dans ce contexte 2. Lister les différents facteurs internes et externes possibles de changement 3. Construire une représentation du changement en envisageant les opportunités, ce que l'on attend de vous et les risques encourus
Délimiter le périmètre du changement	**Analyse contextuelle** 1. Définir précisément ce qui va changer 2. Établir des priorités entre les différents changements concernés 3. Identifier les acteurs concernés par le changement 4. Identifier les principales résistances au changement
Communiquer sur la vision des projets de changement et les résultats obtenus	**Plan de communication** 1. Identifier les cibles à atteindre 2. Construire un message 3. Choisir parmi les médias internes existants ceux à mobiliser 4. Choisir le bon média en fonction de la cible et de l'interactivité voulue 5. Établir un planning de communication reprenant, par cible, le message, le média, le rédacteur et le valideur
Piloter le changement au sein du portefeuille de projets	**Pilotage du changement** 1. Diagnostiquer la capacité à changer des équipes prioritairement concernées par le changement 2. Découper un changement complexe en jalons plus simples à gérer 3. Déterminer des objectifs clairs de changement en termes d'objectifs métier

Métier	Pilote stratégique d'un projet
Mission	Piloter le lot conduite du changement (budget, délais) et l'équipe conduite du changement placée sous votre responsabilité Fixer, identifier les objectifs du changement, et s'assurer des résultats attendus. Vous pouvez, selon les cas, proposer au commanditaire la réorientation du projet ou son arrêt

Compétences testées	Questions associées
Qualifier le type de changement et son périmètre	**Cadrage amont** 1. Identifier les facteurs du changement (internes, externes) 2. Qualifier le type de changement (changement prescrit, construit, lors d'une crise, adaptatif, ….) 3. Identifier les acteurs concernés par le changement 4. Identifier les principales résistances au changement
Dimensionner les besoins en conduite du changement	**Analyse contextuelle** 1. Évaluer le taux de transformation engendré par le changement 2. Évaluer l'effort de mobilisation requis 3. Identifier les populations touchées (nombre, périmètre géographique, résistances à prévoir) 4. Quantifier les charges à prévoir en conduite du changement
Construire et structurer une équipe conduite du changement	**Analyse contextuelle** 1. Localiser où créer une structure conduite du changement sur un projet 2. Choisir les membres de la structure conduite du changement 3. Définir les rôles de la structure conduite du changement 4. Éviter les points de friction entre la structure conduite du changement et le reste de l'équipe projet (exemples : qui travaille sur les nouveaux processus et procédures ? Qui coordonne les actions de déploiement ?)
Communiquer sur la vision des projets de changement et les résultats obtenus	**Plan de communication** 1. Identifier les cibles à atteindre 2. Construire un message 3. Choisir, parmi les médias internes existants, ceux à mobiliser 4. Choisir le bon média, en fonction de la cible et de l'interactivité voulue 5. Établir un planning de communication reprenant, par cible, le message, le média, le rédacteur et le valideur

☞	
Choisir des indicateurs de pilotage, et construire les tableaux de bord du changement	**Pilotage du changement** 1. Identifier les besoins de pilotage : séquencer les projets de changement, identifier les populations clés 2. Gérer les indicateurs de pilotage : choisir les indicateurs métiers, projet et changement (exemples : est-ce que le changement a permis une évolution du business ? Est-ce que les actions de conduite du changement ont été réalisées ? Avec quels résultats ? Est-ce que le changement a été accepté par l'entreprise ?) 3. Analyser les résultats : analyser les comparaisons entre structures, les évolutions dans le temps 4. Transformer les analyses en actions

Métier	Pilote opérationnel d'un projet
Mission	Piloter la mise en œuvre de la conduite du changement jusqu'à la clôture du projet, en lien avec le pilote stratégique Assurer le suivi des objectifs en termes de résultats, de coûts et de délais

Compétences testées	Questions associées
Construire et suivre les indicateurs de pilotage	**Pilotage du changement** 1. Choisir des indicateurs de performance : indicateurs projet, indicateurs métiers, indicateurs changement (exemples : taux de notoriété du projet, image du projet, pourcentage de réalisation des actions de conduite du changement et leur coût, taux d'évolution de l'acceptation) 2. Construire un questionnaire, et l'administrer à un échantillon représentatif de l'entreprise 3. Alimenter les tableaux de bord 4. Analyser les résultats
Manager l'équipe projet	**Pilotage du projet** 1. Choisir un mode de fonctionnement adéquat : mode gestion de projet ou mode hiérarchique 2. Gérer un planning/une équipe/des livrables 3. Mobiliser ses collaborateurs 4. Communiquer auprès de ses collaborateurs l'avancée du projet, et remonter l'information au pilote stratégique 5. Maîtriser les risques (facteurs d'échec des projets)
Conduire un audit organisationnel et managérial, puis un réingeniering organisationnel et managérial	**Analyse d'impacts** 1. Écrire les processus concernés par le changement, ou reprendre les formalisations existantes 2. Écrire les processus cibles 3. Préparer un projet de réorganisation répertoriant toutes les actions à mener, leur planning, les phases de préparation à prévoir, le résultat à obtenir, le responsable du projet et les contributeurs 4. Prévoir des dispositifs d'amélioration ou de migration des compétences des collaborateurs concernés

Métier	Responsable conduite du changement
Mission	Construire, mettre en œuvre et piloter un dispositif de conduite du changement (plan d'actions, équipe, budget) et les outils associés

Compétences testées	Questions associées
Identifier le changement, son périmètre et ses impacts	**Analyse contextuelle** 1. Définir précisément ce qui va changer 2. Établir des priorités entre les différents changements concernés 3. Identifier les acteurs concernés par le changement 4. Identifier les principales résistances au changement
Construire et mettre en place une équipe de conduite du changement	**Analyse contextuelle** 1. Localiser où créer une structure conduite du changement sur un projet 2. Choisir les membres de la structure conduite du changement 3. Définir les rôles de la structure conduite du changement 4. Éviter les points de friction entre la structure conduite du changement et le reste de l'équipe projet (exemples : qui travaille sur les nouveaux processus et procédures ? Qui coordonne les actions de déploiement ?)
Animer le réseau du changement, communiquer	**Plan d'actions** 1. Conduire des ateliers comportementaux de groupe (techniques d'animation psychosociologiques) 2. Mettre en œuvre les techniques d'implication de groupes d'acteurs 3. Communiquer sur des changements
Construire et mettre en place un plan d'actions, structurer l'offre d'outils conduite du changement	**Plan d'actions** 1. Mettre en œuvre une communication de changement appropriée et cadencée, afin de respecter la capacité de changement des acteurs visés 2. Concevoir un dispositif pédagogique visant à apporter les compétences nécessaires aux acteurs concernés 3. Construire un plan de déploiement des actions de conduite du changement (planification intégrée des actions de déploiement)
Piloter le changement (planning, budget, indicateurs de progrès)	**Pilotage du changement** 1. Choisir des indicateurs de performance : indicateurs projet, indicateurs métier, indicateurs changement (exemples : taux de notoriété du projet, image du projet, pourcentage de réalisation des actions de conduite du changement et leur coût, taux d'évolution de l'acceptation) 2. Construire un questionnaire et l'administrer à un échantillon représentatif de l'entreprise 3. Alimenter les tableaux de bord 4. Analyser les résultats

Métier	Contributeur conduite du changement	
Mission	Mettre en œuvre et piloter les outils de la conduite du changement (formation, communication, organisation) sur des segments d'acteurs ou des lots de projet identifiés	
Compétences testées	**Questions associées**	
Mettre en œuvre des actions de conduite du changement auprès des acteurs opérationnels : + analyse contextuelle + étude d'impacts + plan de communication + plan de formation + accompagnement/coaching + audit puis réingéniering organisationnel et managérial	Selon le domaine d'intervention, liste de questions associées	
Mobiliser les acteurs opérationnels	**Analyse contextuelle** 1. Établir une cartographie des populations : identifier les opposants, les passifs et les proactifs 2. Détecter leurs attentes 3. Communiquer le changement autour d'un message fort	
Travailler en mode projet	**Pilotage de projet** 1. Travailler en structure matricielle : mode gestion de projet et mode hiérarchique 2. Gérer un planning/une équipe/des livrables 3. Mobiliser ses collaborateurs 4. Communiquer auprès de ses collaborateurs l'avancée du projet, et remonter l'information au pilote stratégique	

Métier	Dirigeant (CODIR)	
Mission	Impulser les changements, les soutenir et les sponsoriser	
Compétences testées	**Questions associées**	
Intégrer la conduite du changement dans la vision et la stratégie	**Stratégie de changement** 1. Qualifier le type de changement et l'échelle de temps nécessaire 2. Connaître les approches et les techniques majeures en conduite du changement 3. Intégrer les retours d'expérience de conduite du changement dans l'action stratégique	

☞

Développer une culture du changement	**Stratégie de changement** 1. Choisir la bonne approche parmi la palette de démarches et de styles (implication, …) de conduite du changement 2. Valoriser les valeurs d'apprentissage et de mouvement 3. Responsabiliser le management en tant qu'acteur du changement
Construire une compétence interne en conduite du changement	**Stratégie de changement** 1. Connaître les différentes approches théoriques, méthodologiques et opérationnelles de la conduite du changement 2. Mobiliser des acteurs internes expérimentés en conduite du changement sur les projets importants de changement 3. Donner aux managers des compétences en conduite du changement
Communiquer sur la vision des projets de changement et les résultats obtenus	**Plan de communication** 1. Identifier les cibles à atteindre 2. Construire un message 3. Choisir, parmi les médias internes existants, ceux à mobiliser 4. Choisir le bon média, en fonction de la cible et de l'interactivité voulue 5. Établir un planning de communication reprenant, par cible, le message, le média, le rédacteur et le valideur
Piloter le changement au sein du portefeuille de projets	**Pilotage du changement** 1. Capitaliser et échanger les expériences entre les projets 2. Gérer les intersections, c'est-à-dire les cibles concernées par plusieurs impacts de différents projets 3. Limiter les saturations cognitives d'acteurs sollicités par trop de démarches de changement

Métier	Manager opérationnel
Mission	Être relais du changement : accompagner et soutenir les changements au quotidien, coacher vos collaborateurs en conduite du changement
Compétences testées	**Questions associées**
Comprendre et accepter les changements	**Analyse contextuelle** 1. Lister les opportunités offertes par le changement, ce que l'on attend de vous, et aussi les risques avant d'interpréter un événement

☞

Analyser et gérer les impacts engendrés par le changement	**Analyse d'impacts** 1. Identifier les impacts engendrés sur les compétences, la culture, l'organisation, les outils, les métiers et le contrôle 2. Communiquer ces impacts auprès de l'équipe projet et, en particulier, de l'équipe conduite du changement
Participer à l'audit organisationnel et au réingéniering organisationnel et managérial	**Analyse d'impacts** 1. Écrire les processus concernés par le changement, ou reprendre les formalisations existantes 2. Écrire les processus cibles 3. Préparer un projet de réorganisation répertoriant toutes les actions à mener, leur planning, les phases de préparation à prévoir, le résultat à obtenir, le responsable du projet et les contributeurs 4. Prévoir des dispositifs d'amélioration ou de migration des compétences des collaborateurs concernés
Manager les changements au quotidien, dans le cadre d'activités pérennes	**Plan d'actions** 1. Impliquer les collaborateurs dans les démarches de changement 2. Gérer les anxiétés générées par les changements 3. Systématiquement communiquer sur les résultats des changements
Anticiper et gérer les comportements des collaborateurs	**Plan d'actions** 1. Diminuer les temps d'adaptation 2. Établir une cartographie des populations : identifier les opposants, les passifs et les proactifs 3. Encadrer, coacher, mobiliser vos collaborateurs
Communiquer le changement auprès des collaborateurs	**Plan de communication** 1. Identifier les cibles à atteindre 2. Construire un message 3. Choisir, parmi les médias internes existants, ceux à mobiliser 4. Choisir le bon média, en fonction de la cible et de l'interactivité voulue 5. Établir un planning de communication reprenant, par cible, le message, le média, le rédacteur et le valideur
Piloter le changement au sein de l'activité et de l'équipe	**Pilotage du changement** 1. Identifier les chantiers de transformations 2. Choisir et mettre en place un pilote par chantier 3. Définir des livrables et un planning

Métier	Responsable Ressources Humaines
Mission	Contribuer à la réussite des projets de changement en aidant les équipes projet sur les points RH

Compétences testées	Questions associées
Dimensionner les équipes projet et conduite du changement	**Analyse contextuelle** 1. Évaluer le taux de transformation engendré par le changement 2. Évaluer l'effort de mobilisation requis 3. Identifier les populations touchées (nombre, périmètre géographique, résistances à prévoir) 4. Quantifier les charges à prévoir en conduite du changement
Gérer les impacts sur les métiers et les compétences, les conséquences sociales et humaines du changement	**Analyse d'impacts** 1. Identifier les impacts engendrés sur les compétences, la culture, l'organisation, les outils, les métiers et le contrôle 2. Communiquer ces impacts auprès de l'équipe projet et, en particulier, de l'équipe conduite du changement
Aider à établir les plans de formation et d'accompagnement	**Plan de formation** 1. Définir le périmètre et la stratégie de formation (planning, populations à former, ressources disponibles) 2. Définir les groupes de stagiaires, les modes de dispense et les formateurs 3. Construire les modules 4. Concevoir le cahier des charges de formations : supports de formation, évaluation de la formation et contrôle des acquis 5. Animer la formation
Collaborer aux différents projets de changement	**Plan d'actions** 1. Travailler en structure matricielle : mode gestion de projet et mode hiérarchique 2. Gérer un planning/une équipe/des livrables 3. Mobiliser ses collaborateurs 4. Communiquer auprès de ses collaborateurs l'avancée du projet, et remonter l'information au pilote stratégique

Métier	Responsable communication
Mission	Contribuer à la réussite des projets de changement, en aidant les équipes projet sur les points de communication

Compétences testées	Questions associées
Établir un plan de communication et être en support des équipes projet et des dirigeants, pour communiquer sur les projets de changement	**Plan de communication** 1. Identifier les cibles à atteindre 2. Construire un message 3. Choisir, parmi les médias internes existants, ceux à mobiliser 4. Choisir le bon média, en fonction de la cible et de l'interactivité voulue 5. Établir un planning de communication reprenant, par cible, le message, le média, le rédacteur et le valideur
Collaborer aux différents projets de changement	**Plan d'actions** 1. Travailler en structure matricielle : mode gestion de projet et mode hiérarchique 2. Gérer un planning/une équipe/des livrables 3. Mobiliser ses collaborateurs 4. Communiquer auprès de ses collaborateurs l'avancée du projet, et remonter l'information au pilote stratégique

Le « kit litchi » de conduite du changement

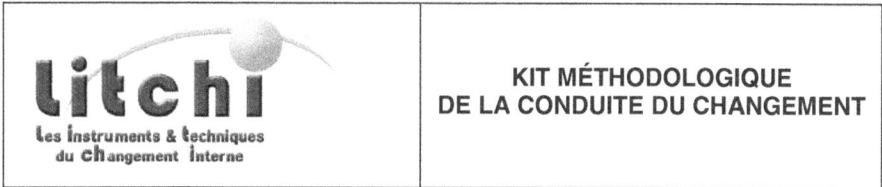

litchi Les instruments & techniques du changement interne	KIT MÉTHODOLOGIQUE DE LA CONDUITE DU CHANGEMENT

La conduite du changement est un apport de méthodes et d'outils pour faire adhérer les individus, transformer les organisations. C'est, également, une assurance supplémentaire pour la réussite du projet. Enfin, la conduite du changement fournit une compétence managériale qui autorise d'anticiper les changements, et surtout, de diminuer les temps d'adaptation et de transition d'un projet.

La méthodologie s'appuie sur la production de livrables en trois phases. Ce kit nous donne des indications quant à la nature de ces livrables, mais surtout, à leur enchaînement.

Cadrage	Plan d'actions	Pilotage
Devons-nous faire de la conduite du changement ? Avec qui et pourquoi ? Le cadrage sert à détecter les changements occasionnés par le projet, les services, processus et acteurs concernés afin de dimensionner l'action de conduite du changement.	Le plan d'actions a pour objectif de développer un ensemble d'outils et de méthodes répondant le plus possible à un besoin organisationnel.	Le pilotage a pour objectif de suivre la réalisation des différentes actions entreprises dans le lot conduite du changement, et de mesurer l'état d'adhésion et de participation des utilisateurs lors des différentes phases.

Phase 1 : le cadrage

Tableau de repérage des acteurs

Cartographie des acteurs

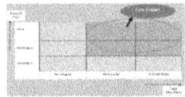

Qui sont les acteurs impactés par le changement ?

Quelle est la position des acteurs ?

Le cadrage, qui permet l'identification des populations impactées par le changement, a pour objectif de **dimensionner** la conduite du changement.
La phase suivante consiste donc à développer les actions qui permettront **d'accompagner** ces mêmes populations tout au long du projet.

Phase 2 : le plan d'actions

▶ANALYSE DES IMPACTS

Analyse quantitative

Analyse qualitative

Quel est l'impact du changement sur l'entité ?

Quelles sont les actions à mettre en oeuvre ?

▶PLAN DE COMMUNICATION

Mix com

Plan de communication

Quelles sont les attentes et les craintes des acteurs ?

Que doit-on communiquer et à qui ?

▶PLAN DE FORMATION

Définir les objectifs pédagogiques

Définir les modules

Quels sont les besoins de formation ?

Qui doit-on former et à quoi ?

Évaluation de la session et du formateur

Comment évaluer la session de formation et les stagiaires qui y ont participé ?

Le plan d'actions, qui permet de développer **les plans de formation et de communication**, a pour objectif de préparer les populations impactées au changement.
La dernière phase consiste donc à **piloter ces actions**, **contrôler** et **ajuster** les résultats en fonction de l'atteinte ou non des objectifs fixés en amont du projet..

Phase 3 : pilotage

Questionnaire

Tableaux du Change Scorecard

Comment obtenir des informations sur l'adhésion des acteurs à un projet ?

Comment mesurer l'adhésion des acteurs en cours de projet ?

Phase 1 : le cadrage

À quoi ça sert ?

Le cadrage sert à détecter les changements occasionnés par le projet, les services, processus et acteurs concernés, afin de dimensionner l'action de conduite du changement.

Quand l'utiliser ?

Le cadrage est à réaliser en début de projet (lors des phases amont ou bien lors de la conception générale).

Comment l'utiliser ?

Phase 2 : le plan d'actions

À quoi ça sert ?

Le plan d'actions a pour objectif de déployer un ensemble de leviers (communication, formation), tout en tenant compte des spécificités environnementales (repérage des impacts). Le rôle de chacun de ces leviers est de susciter l'adhésion des acteurs concernés par le projet.

Quand l'utiliser ?

Le plan d'actions est à réaliser à la suite de la phase cadrage.

Comment l'utiliser ?

Phase 3 : le pilotage

À quoi ça sert ?

Le pilotage a pour objectif de suivre la réalisation des différentes actions entreprises dans le lot conduite du changement, de mesurer l'état d'adhésion et de participation des utilisateurs et d'évaluer les risques du projet lors des différentes phases.

Quand l'utiliser ?

Les actions de pilotage sont à compléter et à surveiller tout au long du projet.

Comment l'utiliser ?

INDEX

A

accompagnement 8, 16, 29, 32, 41, 68, 70, 84, 97, 110, 114

adhésion 30, 80, 91, 95, 110, 128

attentes 7, 31, 32, 40, 43, 80, 81, 93, 99, 105

C

cadrage 46, 47, 57, 60, 68, 85, 110, 114, 127

capitalisation 16, 89, 102

communication 8, 16, 29, 51, 54, 63, 68, 70, 84, 88, 97, 100
- plan de 70

culture 19, 25, 27, 36, 48, 60, 82, 89, 96, 99

D

dialogue 72, 87, 97, 99

diffusion 15, 31, 39, 43, 55, 65, 77, 81, 94, 111

E

expérimentation 27, 39, 43, 45, 52, 74, 77, 95

experts 16, 26, 48, 57, 71, 78, 98, 102, 103, 105, 108
- réseau d' 16, 41, 43, 94

F

formation 8, 26, 29, 32, 35, 40, 45, 47, 63, 66, 70, 71, 84, 97, 102, 111, 113

L-M

lobbying 51, 54, 71, 78, 84

mutualisation 78, 94

P

pilotage 39, 64, 71, 85, 95, 110, 114, 129

professionnalisation 26, 28, 32, 36, 39, 42, 47, 57, 70, 81, 88, 97

www.ingramcontent.com/pod-product-compliance
Lightning Source LLC
Chambersburg PA
CBHW070926270326
41927CB00011B/2736